Noam Chomsky
ノーム・チョムスキー 著
加藤泰彦・加藤ナツ子 訳

言語と認知

心的実在としての言語

Language in a Psychological Setting

秀英書房

目次

言語と認知 第二版

——心的実在としての言語

講義1　メンタリズムと行動

この連続講義では、近年の心理学におけるいわゆる「認知革命」の中に言語研究を位置づけ、言語の研究がその中でどのような役割を果たしてきたかを考察する。また、この革命が西洋哲学の伝統の中で、さらには近年発展しつつある脳科学において、どのような位置を占めるのかを考えたい。そして、言語のみならず、人間の精神生活や心的過程一般についての古今のさまざまな探究方法において、正しいと思われる点、誤りと思われる点を明らかにしたい。講義1では、心と認知に関する一般的な問題に的を絞り、講義2では言語研究の過去の発展をより詳しく考察し、今日の状況がどのようなものであるかについて考えを述べる。講義3（これは元々別の機会になされたものだが）では、より広い心理学的な背景に話題を移す。

まず、行動がどのような性質をもち、どのような要因によってもたらされるかについて、一つの考え方を見てゆくことから始めよう。ここでは「行動」という用語を広い意味で捉え、運動する三次元の物体の同定、ある言語の知識の獲得、思考、計画の立案といったものを含むものと考える。このような活動には身体の、そして何よりも脳の活動過程や構造が関わってくる。脳の活動や特性はいくつかの異なったレベルで論じることができる。たとえば、細胞の生化学的特性や神経網にもとづいて論じることもできるし、また実際にどのような物理的機構として実現されているかという問題からは切り離して、特定の機能と組織を備えたいくつかの下位システムとして論じることもできる。そこで、心について論じることは、脳をこの機能と構造の抽象的なレベルで論じることであると仮定しよう。このレベルにおける分析は、観察された現象に対して洞察に富んだ説明を与えることができるような原理やシステムを明確に同定できる範囲内において妥当であることが示される。これに続く作業は、これらのシステムや原理がどのように物理的機構の中に実現されているかを決定すること、すなわち抽象的なレベルで心を探究することによって発見された諸々の特性を実際に示す物理的機構を見出すことである。

　このようなメンタリスティックな述べ方は、形而上学的に見て何ら問題になるようなものではない。心について語ることは、その本質を理解するのにふさわしいと考えられる抽象度のレベルにおいて脳について語ることに他ならない。これと全く同じように、十九世紀の化学者たちは、化学元素やその特性、周期表、結合価、ベンゼン環などを論じた。これらはすべて、何らかの抽象的な実体であり、究極的には物理的な実体、つまり当時は知られていなかった物理的なメカニズムに関係づけられるべきものである。その物理的メカニズムによって、抽象的なレベルでの記述や説明において発見され定式化された諸特性が発現するのである。このように考えると、メンタリズムはまさしく通常の科学的営みである。

ではごく普通の場合、身体はどのようにして研究されているのであろうか。まず、何らかの内的な統一性をもつさまざまな下位システムである循環器系、消化器系、肝臓などを同定し、身体がこれらの関連し合うシステムから構成されると仮定する。次に、これらの関連し合うシステムをそれぞれの機能、構造、相互関連の仕方、物理的組織、胎児から成人に至る発達、進化の歴史、さらに他の諸特性にもとづいて研究する。このようなシステムは必ずしも物理的に分離できるものでなくてもよい。たとえば、循環器系や消化器系の性質を研究するのに、それらが互いに切り離せる、あるいは他の身体器官から切り離せるものであると仮定しなくてもよい。むしろこれらのシステムは、一つにはそれらが身体全体の中でどのような役割を果たすかという機能的観点から、もう一つにはそれらがどのように構成され、組織化されているかという構造的観点から同定されるのである。

人間の脳、すなわちわれわれが知る中でもっとも複雑な生物学的システムを研究する際にも、これに類したアプローチをとるのが自然である。脳のシステムが、ある種の分化していないネットワークに過ぎず、生物界において特殊なものであるということはおそらくないであろう。むしろ、どのようなレベルで研究を進めるにしても、相互に作用し合うシステムからなる複合体の中で特定の性質をもち、特定の位置を占めるいくつかの下位システムが脳に見出されることが予想される。心という［抽象的な］レベルにおける研究で、われわれは「認知システム」と呼びうるものを同定しようと試みる。それは知識や信条、理解、解釈に関するシステムであり、それぞれが機能と構造に関する諸原理を有するがゆえにシステムと見なされるものである。すなわち、有機体の活動の中で果たす機能によって、またそれがもつ特定の原理、概念、構造的特性、要素の統合方法といったことによってシステムと認められるのである。このようなシステムを「心的器官」と呼んでもよい。ここでもその機構を文字どおり物理的に分離しうるものとは考えない。このような心的器官の研究を「認知心理学」と呼ぶことができる。このような心の研究において明らかにされた諸特性を実際に示す物理的機構が発見されるその程度に応じて、認知心理学という科学または潜在的な科学の一領域が自然科学の本流に同化されるのである。このことは、化学的な反応や構造の研究、ないしは抽象的な遺伝学の研究が、より「基礎的」な自然科学の本流に同化したのと同様である。

ここで次の点に注意しよう。化学反応や構造の研究の場合には、十九世紀の化学において研究された抽象的実体を取り込むように物理学の諸概念をまったく新たな予期せぬ方法で拡張し、そうすることによって、より「基礎的」な自然科学の本流への同化が達成された。一方、これとは対照的に、遺伝学の場合には、自然科学の本流への同化は遺伝子とその諸特性が既存の――しかし新たな観点から見た――物理学や化学の諸原理によってどのように説明されるかを明らかにすることによって達成された。心的器官つまり心／脳の認知システムの場合には、どちらの道筋が適切であるかを先験的に知ることはできない。すなわち、遺伝子の場合のように、心／脳のシステムやその諸特性を今日の物理学の中に取り込むことができるのか、または過去によく見られたように、物理学の原理が心／脳の特性を取り込むように修正されるべきなのかを先験的に知ることはできないのである。

心を脳に関連づけるという問題は、いわゆる心／身問題の場合のように、科学の問題ではなくむしろ哲学の問題であるとしばしば考えられてきた。しかし、これはいくつかの点で誤解を招くものであると思われる。確かに心／身問題の古典的研究が、たとえばデカルト（René Descartes）やライプニッツ（Gottfried Wilhelm Leibniz）などの「哲学者」と呼ばれる人々によってなされたことは事実である。しかしデカルトやライプニッツや他の重要な人々は、紛れもなく自分自身を今日の意味での「科学者」であると考えていた。そして彼らの仕事の主要な部分は、われわれが今日「科学」と呼ぶものにまさに当てはまる。科学と哲学という今日の区別は、このような古典的研究の時代には存在しなかった。この区別ができたのは、術語上でさえはるか後のことである。そもそもこの区別がなされるべきであったかどうかということも問題になろう。自然科学の枠内では仕事をしなかった古典的なイギリス経験主義者たち、たとえばデイビッド・ヒューム（David Hume）でさえ、心に関する自分たちの仕事を科学の一部と見なしていた。ヒュームは自分の「倫理哲学」を「人間性の科学」と定義している。彼によれば、科学のこの分野は「人間精神の働きを始動させる秘密の源泉と原理」に関わるものであり、もっとも重要なことには「自然本来の源」から導き出された「知識の部分」、すなわちデカルトの意味での本質的に生得的な概念に関わるものである。ヒュームは自分の企てをアイザック・ニュートン（Isaac Newton）らの物理学研究に類するものであり、ただ人間性の科学という異なった領域に適用されたものであると終始一貫して考えていた。ヒュームはまた、彼自身の主張によると、認知システムの発達を説明する諸原理を創り出してもいる。彼は心を活動させる諸原理についての経験的前提に関してはまったく間違っていた。そのことは今日はっきり示すことができる。しかし彼は自身の研究を物理学者の仕事に類するもの、それどころか物理科学の一部であると見なしたことにおいては正しかったのである。彼の研究が「観念」や「連合」といった理論的概念によって、ある抽象的なレベルでなされていたとしても、それは物理科学から異様に離れていたわけではない。むしろ物理科学の歴史を通じて、ごく典型的で自然なアプローチだったのである。

心／身問題を物理科学の領域外にあると考えることがなぜ誤解を招きやすいのか。その第二の、そしてより根本的な理由は、そのような問題が存在すること自体が疑わしいということである。心／身問題を提起し、一貫性のある形で述べるためには、物理的実体としての「身体」の概念がかなり明確になっていなければならない。そのような概念をもつことによって、当該現象がその領域に入るかどうかを問うことができるようになる。デカルト派の人々は、かなり明確な「身体」の概念をもっていたので、心／身問題を定式化することができた。それはデカルト力学によって定義されており、基本的に一種の「接触力学」であり、物体が相互に押したり引いたり衝突したりする相互作用の様相に限定されたものである。デカルトは、無生物の物質世界におけるすべての現象、動物の生理機構や行動、また人間の活動の多くも、接触力学による身体の科学に取り込むことができると考えていた。しかし同時に、彼はこの領域には入らないとする現象も見出していた。この種の現象でもっとも際立っているのは、デカルト流の考えによれば、人間の言語、特に「言語使用の創造的側面」と呼びうるものである。通常の談話は常に新しいものであり、際限がなく、刺激の統制から自由である。しかも一貫性があり、状況に適切である。さらに話者が意図したものと同じような思考を聴き手のなかに喚起する。より一般的に言えば、デカルト派の人々は次のように論じる。動物も含めて機械の動きは、部分の構成と外的な環境によって完全に決定されるが、人間の行動は能力の範囲内で自由であり、決定されておらず、なおかつ一貫性があり、「状況に」適切である。デカルト的な言い方をすると、機械の部品があるやり方で組み立てられ、ある特定の環境に置かれれば、その機械はある特定の仕方で反応することを「強制」される。しかし、同じような条件下で人間はある反応をするよう「誘発され、気持ちが傾く」ことはあっても、強制されることはない。人間は誘発され気持ちが傾いたことをしばしば行っているかもしれないし、常にそうしているとさえ言えるかもしれない。したがって行動の統制や予測は、少なくとも統計的には不可能ではないかもしれない。しかしそれでは本質的な点が常に見逃されてしまうであろう。すなわち、われわれは能力の範囲内で異なった選択をすることもできたことを知っているという点である。デカルト派の人々は、人間のこのような特性は彼らの物体の理論、デカルト力学の範囲には入らないと論じたが、この仮定は正しかったと言えよう。そして彼らは、デカルト力学の限界を越えた諸現象を説明するために、より強力な原理を探し求めた。

自分たちの形而上学的前提の範囲内で、彼らは第二の実体である *res cogitans* ――身体とは異なり、身体から離れた「思考するもの」――を仮定した。それはある特定の仕方で身体と相互作用するものだが、その相互作用の仕方は多くの考察と議論の的となった。この思考する実体が彼らの言う「心」である。このようにして、彼らは心／身問題について首尾一貫した定式化を得たのである。

では、心と身体に関するデカルト理論の運命はどうなったのであろうか。重要なのは、心についてのデカルト理論は今まで事実上疑われたことがなかったということである。崩壊したのは身体についてのデカルト理論の方なのである。実際、同理論は間もなくアイザック・ニュートンによってその根底を覆された。ニュートンはデカルトの接触力学の理論が物体の落下、惑星の運動といった物理世界の単純な現象を扱うことができないことを示したのである。一方、ニュートンはデカルトと同じように、デカルト接触力学を越えた新たな原理を提示した。それは「遠隔作用」の原理、つまりデカルト力学の限界を越えた「力」であった。ニュートン自身も、この原理を時として「神秘的な力」であり、不可思議な原理であると考えていた。実際、今世紀の初頭に至るまで、「真の説明」はデカルト的な接触力学のようなものによって、つまりエーテルを媒体とするなどして、物体間の直接的な接触と相互作用を伴うものとして定式化されなければならないと一般に考えられていた。しかし、ニュートン以降の科学においては、物体に関するデカルト理論は基本的に放棄された。もはや物体についてのはっきりした概念はなくなり、むしろ物体の理論、すなわち物理学は物理世界におけるさまざまなできごとを説明するのに必要なあらゆる概念を含むようになったのである。すなわち、力、質量のない粒子、波、十次元空間のひも、その他もろもろを含むのである。したがってわれわれは、もはやある現象が「物体」の領域外に属するかどうかを首尾一貫して問うことはできない。ただ、「物体」についての現在の概念が当該現象を説明するのに適切かどうかを問うことができるだけである。もし適切でなければ、われわれの基礎物理学を拡張、修正しなければならない。これは、ニュートンが天体の運動を説明するためにデカルト力学を拡張したのと同じであり、また二十世紀の物理学が化学元素や化合物、それらの特性や内部構造を取り込むためにその領域を拡張したのと同様である。

したがって心／身問題は、少なくとも古典的な術語では定式化さえできないということになる。かと言って、この問題に首尾一貫した定式化を与えるような新たな概念が提案されているわけでもない。問題はむしろ他のところにある。つまり、一方では心の現象を研究し、他方ではそのような研究によって見出された特性や原理を実際に表す物理的機構を明らかにすることによって、心の現象を自然科学の中心部へ関係づけるという二重性をもった問題である。この企てのためには現在の物理学で十分かもしれないし、また過去においてよく見られたように十分ではないかもしれない。いずれにせよ、この新しい未だ不明な点の多い研究分野において、われわれは自然科学につきものの問題に直面することになる。

ここで次のことに注意してほしい。仮にそのような物理的機構が発見され、それらと心の諸現象との関係がしっかり確立されたとしても、メンタリスティックなレベルにおける研究や議論が放棄されることはないであろうということである。それは化学者たちが元素や周期表、結合価、抽象的に解釈された複合的な有機分子などを議論することをやめないのと同様である。これは科学研究の多くにとって適切な概念的枠組として残るものであり、このレベルで重要な原理が適切に定式化され、説明と応用に用いられるのである。同じことが心の研究についても言えると考えてよいであろう。ここで注意すべきなのは、抽象的なレベルでの心の研究が脳の機構の研究に取って代わるものではなく、むしろそれと対をなすものであり、それに必要な予備研究でさえあるということである。脳科学者にとっては、自らが発見しようと望み、予想している機構について、またそれらが満たすべき一般的特性や原理について、多少なりとも理解していることが研究を進める指針になるはずである。これは、近代物理学において、化学元素や有機分子などについての抽象的な研究で明らかにされた特性や原理が「この分野の」研究を導いてきたのと同様である。行動をその背後にある認知システムによって研究しようとするメンタリスティックなアプローチは、通常の科学的営みに合致するばかりでなく、行動の研究を自然科学の本体へ取り込もうとするための第一歩なのである。

心／脳の研究へのこのようなアプローチは自然であると思われるが、それが必然的に正しいというわけではない。これが正しいかどうかは、このアプローチや他の可能な方法を追求することによってのみ決定することができる。これらの問題については多くのことが知られているわけではなく、以下で示唆することはかなり暫定的なものにならざるをえない。しかし、これが進むべき正しい方向であることは、今日われわれが得ている知識や、ある程度確かな推測によって支持されると言ってもよいと思う。そこで私はこれが正しい方向であると仮定する。

さらに次のように仮定しよう。人間言語は認知システムの一つであり、人間の心／脳において独自の特性と原理によって同定される一つの部門である。この仮定の下では、言語学は認知心理学の一部、究極的には人間生物学の一部であることになる。より具体的には、人間がもつ心／脳の「心的器官」の一つが言語機能であり、それによってさまざまな具体的な現れ、すなわち個々の人間言語が実現すると仮定する。たとえば、英語は言語機能の一つの可能な現れであり、日本語はまた別の現れである。

　ではここで、認知心理学のこの領域に話を移すことにしよう。言語について現在どのようなことが分かっているかを説明するのは、あまりにも大きな課題である。むしろ、ここでは、上述の研究——または少なくともその中の主要な潮流——が関心を寄せる問題を明らかにし、それらの問題をより一般的な背景の中に位置づけることを試みる。この背景には二つの側面がある。（1）人間の本質を理解しようとしてきた西洋哲学と心理学の伝統、（2）現代科学の中で有機体と脳についてわれわれが知っていること、ないしは学ぼうとしていることに照らして伝統的な問題に取り組もうとする試み、この二つである。

　言語の研究はこれら二つの研究の中心をなす。つまり西洋思想の伝統の中で重要な位置を占める哲学と心理学、および人間性を探究する現代の科学的研究の二つである。言語はなぜ人間性の研究にとって、今まで、そして今後も特別な重要性をもち続けるのか。そこには、いくつかの理由がある。一つは、言語がヒトという種の真の特性であるように思われること、つまりその本質においてヒトという種が共有する固有の生物学的資質の一部であり、重い障害のある場合を除いて人間相互に大きな違いが見られない、ということである。さらに、言語は思考や行動、社会的関係に決定的に関与している。最後に、言語は比較的研究がしやすい。この点で、言語はわれわれが取り組む可能性のある他の諸問題、すなわち課題解決や芸術的創造性、さらに他の生活や活動の側面とは大きく異なっている。

言語が認知システム、すなわち人間の言語機能の一つの現れである、という考え方に立つと、すぐに一連の問題に直面することになる。まず第一に、個別言語のさまざまな特性を決定することと、たとえば英語に関する理論、つまり専門的な意味での英語の「文法」を明らかにすることである。講義2・3では、言語とは一体何であるのか、言語の文法はどのような形式をとるべきか、といった問題を扱う。しかしここではこの問題は了解されている、少なくともこの種の研究の一般的な性格を考えるのに支障がない程度には明らかである、と仮定しておこう。

次の問題は、この認知システムが、言語機能のある特定の現れとして、幼児の心/脳の中にどのようにして生ずるかを明らかにすることである。言語機能は初期状態をもっており、幼児がある言語共同体の中で成長するにつれて、一連の段階を経て、通常思春期またはそれ以前に、最終的に安定状態に達すると考えられる。その後、この安定状態は比較的表面的にしか変化しない。この変化は主に、獲得した言語の諸条件を満たす新たな語彙項目を獲得することによってもたらされるものである。私は、人間が「言語を学習する」という言い方が意味をなすかどうか、非常に疑問に思う。むしろ、言語は心/脳の中に成長してくるのである。言語獲得は、幼児が行うことと言うより、幼児の中に起こってしまうものなのである。それは、翼ではなく手が形成されたり、成長のある段階で思春期に達するというようなものである。これらの過程は、外的な状況によって起こり方は異なるが、その発達の基本線は内在的に決定されている。言語発達についてもこの見方が正しいということを示す強い証拠があるように思われるし、あまり研究の進んでいない他の領域においても同じようなことが言えるのではないかと思う。

個々の言語についての理論構築の次に取り組むべき問題は、言語機能の初期状態の特性を明らかにすることである。言語機能とは、幼児が接することのできるような証拠が与えられれば、ある特定の言語を生み出すような「入力‐出力装置」であると抽象的には考えてよい。心／脳のこのシステムを扱う理論は、伝統的な表現を新しい意味で用いて「普遍文法」と呼ばれることがある。普遍文法はしたがって、認知心理学、究極的には人間生物学の一部であり、言語機能の不変の諸原理を決定し、それと共にこれらの原理によって許される変異の範囲、すなわち可能な人間言語の範囲をも決定しようとするものである。

ある個人が獲得した言語は、「手続き的知識」(know how) や「命題的知識」(know that) を含む多様な知識の基礎をなしている。英語という言語を自分の心［の仕組］に取り込んだ人は、膨大な数の――可能性としては無限の数の――文をどのように発話し理解するかを知っており、またある音の連鎖が特定の意味をもつことなどを知っている。これらは上述した二種類の知識の典型である。後者の類の知識［音連鎖と意味との結合］は、通常の命題的知識であるが、むろんこれらが個人のもつ知識のすべてではない。たとえば、英語の話者は誰でも、John expects to visit him という文において、代名詞 him は John 以外の誰かを指すと理解されねばならないことを知っている。しかし、この文を I wonder who ―― という文脈の中に埋め込み、I wonder who John expects to visit him とすると、意味が変わり、代名詞 him は John を指してもよいことになる。われわれは、この種の無数の事実を、意識的に注意することも教えられることもなしに、さらには言語共同体からの適切な反応がなくても、知るようになるのである。

ある文が特定の意味をもち、別の意味はもたないという知識は、命題的知識ではあるが、よく知られた認識論的な枠からは離れたものである。すなわち、それは何の基盤も「もっともな理由」もなしに、特定の条件の下で外界に触れることにより心の中に発現したものである。それはわれわれが特定の性質を備えた認知システムを獲得するように造られているためである。もしわれわれの言語機能がもっと違った形に造られていたならば、同じ条件で外界に触れたとしても、異なった知識を獲得するか、まったく何の知識も獲得しないかであろう。このことは、知識という概念に関する従来のいくつかの前提が、一般に正しいものではありえないことを示している。さらにそれらの前提が明確に打ち出された領域においてすら正しくないかもしれないことを示すものである。この結論は「日常的な理解」に関してはそのまま当てはまる。また科学的な知識に関しても、従来十分に認識されてはいなかった範囲において正しいと思われる。科学的研究は、合理性の基準、理解可能性の概念、説明的妥当性といったものに導かれている。これらは、われわれの内的な本性に深く根ざしており、あらゆる価値が一般的にそうであるように、研究と理解が進歩するにつれて、よりよく理解できるようになる。そしてわれわれが天使ではなく、実際に生物学的な有機体であるならば、ある領域において高度な理解をもたらす能力が、他の領域においては妨げられたり、まったく阻止されたりすることも十分にありうる。人は内的な性質により、ある特定の豊かで複雑な生物学的システムになりうるが、それは同時に他の発達の道を閉ざすものでもある。われわれをヒトたらしめる生物学的資質は、われわれがトリになることを妨げている。発達の及ぶ範囲とその限界との間には論理的な関係が存在するであろうが、それは知的な世界においても同様である。実際、人間の諸科学というものは、心の諸特性とそれらの特性が多少とも適合する世界の諸側面との偶然の交差と考えてよいかもしれない。

先に挙げた例文やそれに類した無数の文についての知識をわれわれはどのようにして獲得するのであろうか。それは、われわれの知識のシステムがこれら特定の性質をもつことが言語機能の諸原理によって決定されているからであろう。われわれをとりまく世界の諸々の側面が、われわれの心／脳の諸原理に適合するならば、ある種の経験とある程度の理解が得られる。さもなければ、われわれは途方にくれてしまう。言語に関する限り、この問題が実際に生じることはない。なぜなら、われわれをとりまく言語世界は人間により作られたものであり、われわれの生得的能力を共有する人間が関わるものだからである。しかし、物理世界はわれわれの能力に適合するようには作られていない。そして、これらの能力が物理世界の中で進化してきたものであるとしても、この能力が、われわれの普通の日常経験を越えた物理世界のものはもとより、普通の経験の範囲内にあるものでさえ、そのすべてを扱うのに適しているという保証はない。これは、心に止めておくべき重要な事実である。言語研究の面白さの一つは、心の世界の一般的特性がどのようなものであるはずであるかを、言語がかなりはっきりと示していることにある。

つまり、基本的な問題は普遍文法の理論を構築することと、普遍文法の特定の具現化である個別言語の文法を構築することの二つである。第一の問題は、心／脳の遺伝的に決定された部門の一つである言語機能の不変の初期状態を決定することであり、第二の問題は種々の条件の下で外部世界に触れることを通して、言語機能が到達した安定状態を決定することである。第三の問題は、獲得した言語をわれわれがどのようにして話し、理解しているのかを明らかにすることである。はじめにこの第三の問題、すなわち言語はどのように使われるのかという問題を考えてみよう。

この問題は第一の問題に組み込まれるのが普通である。すなわち、「言語の知識とは一種の能力」であり、それは話し、理解し、読み、自分自身へ語りかけることにより行使される、という議論である。「ある言語を知るということは、これらおよびそれに類することを行う能力である。」そして、より一般的には、知識とは一種の能力である、というものである。ここでの引用は、オックスフォード大学の哲学者、アンソニー・ケニー（Anthony Kenny）の近著 *The Legacy of Wittgenstein*［Blackwell, 1984］からのものである。同書は、このような観点から上述の問題を直接注意深く扱った試みである。しかしこの考え方自体は、現代のさまざまな学派の哲学者たちによって広く表明されている。その中の何人かはさらに論を進め、能力はある種の性向として表現することができ、したがって言語はクワイン（W. V. Quine）が述べるように、「言語行動への現在の性向の複合体」ということになる。この見方によれば、二人の人がある状況下で異なったことを発話する性向をもつなら、彼らは異なった言語を話していることになる。たとえ二人がまったく同じ生活史をもつ一卵性双生児であり、われわれが確立しうる妥当ないかなる基準によっても同一の言語を話すと認められる場合においてもそうである。ここでは取り上げないが、この考え方には周知のように、数多くの問題がある。ここではケニー、マイケル・ダメット（Michael

Dummett）ら多くの人々が主張しているもっと漠然とした考え方、言語の知識とは話し理解する実用的な能力であるという主張を考えてみよう。

だがその前に、この問題が言語や行動科学に関して取り上げられるもう一つの問題に関わりをもつことを強調しておくべきであろう。上で述べたような言語研究が行動科学の一部門と見なされるべきか否かは定かではない。おそらく、そう見なすべきではないであろう。むろん、言語研究は行動に関係している。行動はわれわれが関わっている問題、すなわち個別言語や言語機能の性質、またどのように言語知識が発生し、使用されるかという問題に答えようとする際に用いる多くの証拠を与えてくれる。たとえば、先に挙げた、二、三の例文の意味に関する判断は一つの行動であり、そのような判断はわれわれの研究対象への証拠を提供してくれる。原則論としては、証拠は他にも多くのところから得られる。たとえば、もし心の研究と脳科学との同化が進めば、神経科学からも証拠が得られることになろう。しかし言語学にとっても、認知心理学の他の側面にとっても、行動は証拠であるにすぎず、研究対象ではない。研究の対象は心の性質である。この研究を「行動科学」と呼ぶのは、物理科学研究での証拠の多くがメーターの表示により得られることから、物理学を「メーター読み取り科学」と呼ぶのと同じくらい的外れである。一方、言語が行動への性向であると見なすことができ、また言語（または他のことに関する）知識がさまざまな種類の行動として行使される能力、つまり話したり理解したりする能力であると考えることができるなら、「行動科学」という概念の方がより適切であるかもしれない。既に述べたように、私はこのような考え方はまったく間違っていると思う。したがって、言語研究において行動科学の枠組を採ることには懐疑的である。

私個人の疑念はさらに深いものであると言ってもよい。確かに、人間の行動に興味をもつのは理にかなったことである。しかし、行動を十分に理解するためには、心／脳の中に発現し行動をもたらす認知システムを研究しなければならない。「行動科学」という名称そのものが、この中心的かつ本質的な研究からわれわれの関心をそらすことになりがちである。行動科学のある分野にとっては、このように関心をそらすことが原理的な要請でもある。たとえば、行動主義のどの説を定義する場合にも、どのような理論構成が許されるのか、つまり何を心／脳に帰すべきかに関して、何らかの先験的な制約が課されている。いわゆる「急進的行動主義」にとって、この制約は全面的なものであり、心／脳に帰されるものは皆無で、反応の蓋然性と強化に付随する諸要因との関係しか扱うことができない。他のアプローチはこれよりはやや柔軟で、生体内部の「反応」（“r”）や「刺激」（“s”）、「仲介変数」などが許される。このような研究方法は、その根本においで不合理であり、自然科学から著しく逸脱している。自然科学では、妥当な理論構成、理論的構成物の設定、実在世界に関する前提のいずれにおいても、先験的な制限は何も課されない。ただし説明の仕方自体の性質によって決定される制限は存在するが、それはここでは関係がない。それはあたかも、物理学において物理定数は素数でなければならないとか、自然には空間的、時間的な非対称性は存在するはずがない、といったことを仮定するようなものである。そのような信条は、研究の結果から見れば正しいものであるかもしれないが、これを先験的な要請として仮定したり、何らかの「研究領域」をこれらの原理によって定義したりするのは、ばかげたことである。これとまったく同じことが行動科学のすべての学説に当てはまる。ただし上で見た、理論の構成に先立って立てられた不合理な制約は、はるかに妥当性を欠くものである。

私見では、さまざまな形をとってきた行動主義は、科学の方法から不合理に逸脱したものであるばかりでなく、余り驚く程のことでもないのだが、その大半は失敗に終っている。特に、刺激－反応－強化の関係の研究は、行動の表面的な形を統制する技術以上のものを生み出すとは思えないし、事実生み出してはいない。これは、ある根本的な概念が欠如し、不適格なものとして排除されていたためである。つまり、行動をもたらす内部状態が、原則的に無視されていたからである。同様に、この中心的な問題を避けている「学習」の研究が不毛なことも確かだ。獲得される認知状態の発達が無視されているからである。刺激は内部状態の変化をもたらし、内部状態は行動を生み出す。刺激と行動との関係は、その関係が存在する限りにおいて、［刺激となる］経験と行動の間に介在する内部状態の性質とその変容を無視しては、理解することができない。「行動科学」の方向性全体は、私にとっては疑わしいものであり、おそらくは純粋なメンタリズムによって置き換えられるべきものである。ここで注意すべきは、この方向転換によって自然科学へ一歩近づくことはあっても、そこから遠ざかりはしないということである。それは、既に述べたように、われわれの研究を自然科学の本流へ同化させようとする方向だからである。

ここで、もう少し脇道へそれて「行動科学」という概念と、それが理解や説明よりも行動の予測や統制へ関心を向けようとする傾向について考えを述べよう。人間の思考や行為をめぐる諸問題にどのように取り組むかということについて誤った考え方を助長することに加えて、上述の考え方は現代の社会と文化のもっとも忌み嫌うべきいくつかの側面を助長するものであると思われる。ここでは、全体主義国家で行われていることや、彼らが考え出した統制の方法について述べる必要はない。むしろ、われわれにとっては自分自身の社会や文化における同じような要素に気づくことの方が大切である。この問題は他のところで論じたのでここでは取り上げないが、ただ、言っておきたいのは思考や行動への意識的な操作は、民主主義社会を推し進める力の一つであり、それはしばしば民主主義社会が正しく機能するために必須のものであると考えられてきたということである。この点については、格別の関心が払われるべきであると私は考えている。

行動科学は、思考や行動を統制しようとする努力に効果をもたらすであろうか。あるいは思考や行動を研究することによって、標的となる人々に自己防衛の手段を与えることができるだろうか。これらの問題は、十分な考慮に値する。長い苦悩の時を経て、現代文明は人間を所有することが人間の本質的な権利に対する耐えがたい侮辱であるということを認識するに至った。その本質的な権利とは、人間の本性と自由への欲求に根ざしている。奴隷制も当事者には極めて道徳的であるとして擁護されていたことは強調に値する。その議論はわれわれから見ると奇怪ではあるが、単にばかげているとして見過ごすことはできない。たとえば、奴隷の所有者は、資本主義経済において労働を単に賃貸する人よりも、注意を払って自分の財産［である奴隷］を扱うであろうといった議論である。このような道徳に関する議論は、よくあることだが、ある共通理解を土台として進められた。その共通理解は究極的にはわれわれの認知能力にもとづくものであろうが、特定の歴史的、社会的、文化的条件の下では表に現れてこないものである。そのような［基本的人権に反する］議論を拒むことは、われわれの本性の一部である道徳観への洞察が高まりつつあることの反映であると解することができよう。またより深い洞察により、思考や行動の統制、さらに他の権威や支配の形態もまた基本的な人権への嫌悪すべき、許すべからざる不当な扱いであることが明らかになるはずである。しかし、ここではこれらの重要な問題をこれ以上論ずるつもりはない。

さて、言語（や他のこと）に関する知識が、さまざまな行動において行使される能力と考えられるかどうか、という問題に立ち戻ろう。これは、行動科学的方向づけに対して、何らかの妥当性を与えうるものでもあるから、詳しく見ておくに値する。

この意味での能力とは、通常の意味とは根本的に異なるものであり、私の考えではまったく是認されないものである。この違いがいかに根本的なものであるかを見るために、通常の考えを受け入れるとどうなるか考えてみよう。第一に（普通の意味での）能力は、知識の変化なしに向上させることができる。たとえば、ジョーンズ氏がスピーチないしは作文のコースをとっており、話し理解する能力は向上させたが、自分の言語そのものについては、何も新しいことを学ばなかったと仮定してみよう。ジョーンズ氏が話し理解する言語は、以前とまったく同一であり、言語に関する彼の知識は変化していない。しかし、彼の能力は向上している。したがって、言語の知識は、話したり、理解したりする能力と同じであると見なすことはできない。

同じく、言語を使用する能力は、言語の知識を失うことなしに、損なわれたり消失さえすることがある。たとえば、スミス氏がパーキンソン病にかかり、話したり、理解したりする能力を完全に失ったとしよう。彼はもはや「さまざまなことをする能力」をもってはいない。したがって、ケニーやダメットらが定義する意味での英語の知識はもっていない。そこで、何らかの薬品（たとえば、L・ドーパ）によって、彼の能力が完全に回復したとしよう。では、この能力が回復する間に何が起こったのであろうか。［ケニーらの］仮定の下では、スミス氏は英語の知識を完全に失った後に、薬によってその知識を回復したことになる。不思議なことに、日本語と英語のどちらかを選択する証拠がなかったにもかかわらず、彼は日本語ではなく、母語である英語の知識を回復した。すなわち、彼は何の経験もないのに、以前にもっていた英語の知識を回復したのである。スミス氏の能力が完全に失われていた間も、何かがまったく損なわれずに残っていたのは明らかである。普通の言い方をすれば、まったく損なわれずに残っていたものは「言語をもつこと」すなわち、英語の知識である。このこともまた知識が能力に還元できないことを示すものである。

ここで、能力を保持してはいるがそれを行使することができないと言える場合があることも注意すべきである。たとえば、手足が縛られていて泳ぐことができない水泳選手の場合である。しかし、これはわれわれが今考えている事例、つまり能力は失われているが、知識は保持されているという場合とは全く異なった種類の状況である。

知識は能力であるという主張を保持するためには、能力についての何らかの新たな概念を作らなければならないだろう。それを「K能力」と呼ぶとしよう。そうすればジョーンズ氏はK能力が変化することなしに話す能力を向上させ、またスミス氏は話し理解する能力を完全に失っている間もK能力をそのまま保持していたと言うことができる。ここで、知識とは「能力」すなわち「K能力」である。明らかにこのような考え方は的を射てはいない。新たに作られたK能力という概念は、知識というものがもつ特徴をすべて備えており、極めて有用である通常の能力という概念から根本的に外れたものなのである。したがって、知識は能力であるという主張が成り立つと誤って信じさせてしまうこと以外には何も達成されなかったことになる。知識がK能力であるということは正しい。なぜなら「K能力」というものを知識のさまざまな特性をもつように定義したからである。しかし、これは特に興味ある結論とは言えない。

いま見たような概念的な議論に直面して、アンソニー・ケニーはまさにこの方針をとっている。たとえば、パーキンソン病にかかったスミス氏は、言語を使用する能力がないときでも、実は言語を使用する能力をもっているとケニーは言うであろう。能力は完全に失われていたのであるから、「K能力」に移行していたことになる。重要なのは、K能力は能力とは根本的に異なり、知識のようなものであるという点である。このことは、K能力を完全に保持しながらも、話し理解する能力を完全に失ってしまった人が、K能力を変化させることなく、能力を向上させることができる、ということなどからも見てとれる。

これは、普通の意味での「能力」とは根本的に異なる。「知識」という意味をもつ「能力」という新しい術語を作り出し、とても成立するとは思われない主張を維持しようとする試みである。このようなことがウィトゲンシュタイン（Ludwig Wittgenstein）の精神に沿うものとして提示されているのは奇妙なことである。ウィトゲンシュタインは、そのようなやり方に常に反対し、それが多くの哲学的な誤りの根源であることを示そうとしていたのである。私には、これらの動きは、行動主義的概念が現代の想像力を奇妙で貧弱なものにしていることを示すものであると思われる。これは、それ自体研究に値することではある。

これと実質的に同様に、「手続き的知識」を能力によって説明することができないことに注意してほしい。スミス氏が自転車の乗り方を知っており、頭の負傷によってその能力を失い、その後投薬によってその能力を回復したとしよう。彼は、完全な能力をもつ状態から、能力が皆無の状態、そして他の能力ではなく元の能力を回復するという過程を経たことになる。手続き的知識は、広く受け入れられている見方に反して、単に能力の問題でもなく、また何かに関する「命題的」知識でもない。むしろ手続き的知識は、必須の認知的要素、すなわち知識や信条や理解のシステムに関する何らかの内部表示を含むものなのである。

では、ある言語をどのように話し理解するかに関する知識は、よく言われるように自転車の乗り方を知っていることと本質的に異なるものではなく、したがって言語については、心的に表示された知識のシステムを仮定する必要はない、と言えるであろうか。このような議論には、少なくとも二つの問題がある。第一に、今述べたように、手続き的知識には認知的要素が一般に含まれることである。第二に「まったく同じようなもの」という議論には中身がないことである。それは、ある種の人々が素晴らしい詩や四重奏を書く能力、あるいは根源的な定理や科学的原理を発見する能力をもっていることは、自転車の乗り方を知っていることとまったく同じようなものであり、したがってその能力を説明することは真の問題ではないと言うようなものである。このような考え方には一体どのような意味があるのだろうか。

いずれの場合も、これこれのやり方を知っている、またはこれこれのことを知っているということの背後にどのような認知構造があるかを明らかにしなければならない。（もしそのようなものがあればの話ではあるが。今までの議論で、そのことが常に成り立つということを立証しようとはしていないことに注意してほしい。）これは、科学におけるごく普通の問題であり、他の分野においてもそうであるが、理性的な研究の一般的方法以外に、このような研究を行ってゆくための「方法」はないのである。われわれは、目前の現象を説明するための「最良の理論」を見出そうとし、そして理論をより精密にし、修正することができるような他の現象を見つけようと努める。このような研究を推し進めることによって、当然のことながら、これこれのやり方を知っている、あるいはこれこれのことを知っているというさまざまな事例に、非常に異なった種類の認知ないしは他のシステムが関わっていることが分かる。これらのことがすべて「手続き的知識」に過ぎず、したがって何の問題もないというのは、世界のさまざまな特性について、つまりこの場合には、人間の本性と人間の生き方の中心的特徴についての好奇心が欠如していることを示すものでしかない。

言語が、能力、習慣、または性向のシステムであるという広く受け入れられた考え方の非常に驚くべき特徴の一つは、このような考え方がまったく非生産的であったことである。そこから得られた、言語についての研究成果または発見は、ほとんど何一つ挙げることができない。また、そこには研究プログラムすらない。この点については、より正確を期さねばならない。事実、長年にわたって上述の主張を打ち出してきた学派があった。それはアメリカ構造言語学であり、また広く認識されてはいないが、ヨーロッパの構造主義である。しかし、実際になされた研究は、発展した専門的理論でさえも、あらゆる重要な点において、その基本原則から逸脱していた。たとえば、考案された音素分析の手順は、習慣のシステムとしての言語の概念とは何の関係もない。言語が習慣のシステムであるというこの信条は、言語教育などの応用分野に影響を与え、害を及ぼした。しかし、言語学それ自体は、それが掲げる基本理念によって、その見方、関心の対象が狭められはしたものの、本質的な影響は受けなかった。

科学における操作主義にも同じようなことが言えるかもしれない。この基本原理は一時広く信奉され、行動科学に影響を与えたことは疑う余地もない。操作主義にしたがって実際に研究が行われた場合、その研究分野は著しく活気のないものになった。この原理は物理学においてもしばらく主張されたが、あまり影響を与えることはなかったように思われる。というのは、この原理を掲げた人々は、非常に賢明にも、それにまったく反する形で自分たちの研究を続けたからである。

具体的な問題を見れば、性向、能力、強化、類推、あるいは行動科学でより一般的に知られている概念的道具立てによって言語を説明しようとする試みが、なぜ不適切なものであるかがすぐに分かる。先に上げた例をもう一度考えてみよう。メアリーがJohn expects to visit himという文を理解するのに十分な程度に英語を習得しており、代名詞のhimが、John以外の誰かを指すということを知っているとしよう。そこで、メアリーが今初めてI wonder who John expects to visit himという文を聞いたとしよう。もしこの文が、ごく最近まで広く議論されていたように「類推によって」理解されるのであれば、埋め込まれた節は単独で用いられた場合の意味を保持していることになろう。同一性に優る類推はないからである。したがって、代名詞はJohn以外の誰かをここでも指すはずであり、上の文は、ある人Xについて、Xが彼（John）を訪れることをJohnが期待しているという意味にはなりえない。しかし、これは誤りである。メアリーは上の文がこの意味になりうることを理解し、教えられることも、誤りを正されることもなしにこのことを知っているのである。明らかに、ここでは能力ということが問題になる余地はない。John expects to visit himにおいて、himがJohnを指さないというメアリーの認識は、能力が働かなかったためではない。また彼女が能力がなさすぎるか、何らかの技能を欠くかしており、この欠陥を克服することができれば、ここでも代名詞himがJohnを指せることが分かるというわけでもない。そうではなく、彼女の知識のシステムによって作り出された心的表示によって、特定の解釈が否応なしに得られるのである。

この例の場合、これらの表示がどのようなものでなければならないかを確かめるのは難しいことではない。「どの人Xに関して、JohnはXが自分を訪れることを望んでいるのだろうか、と私は思う」における変項Xは、発音はされないが実際に心的表示の中に存在しているはずであり、

him はJohn を指しうる。これは、Xの位置に実際に音形をもつ名前が現れる文、John expects Bill to visit him において him がJohn を指せるのと同じである。この単純な例は、次のような多くの興味ある事実を示している。（1）類推や能力という概念はここには関与しない。（2）かなり複雑な事柄に関する知識が、それに関連する経験なしに得られる。（3）心的表示は、専門的に「空範疇」と呼ばれる音形のない要素を含み、形式論理システムにおける表示のような特性をもつ。（4）言語表現の通常の使用と理解には、厳密にデジタル特性をもつ心的計算が含まれる。この心的計算は、抽象的な心的表示およびその形式と各種の関係に関する一般原理を含んでいる。すなわち生得的な言語機能の諸原理である。これらの事実はどれも必然的に正しいというわけではない。しかし、これらが人間言語の特性であるということは、非常に多くのこの種の証拠によって示されている。これは人間の心に関する驚くべき重要な発見である。

ここ数年の間に、類型的に大きく異なった諸言語から得られた興味ある一連の現象が、次のような仮定によって説明されることが明らかになってきた。つまり、心／脳の言語機能は、いくつかの異なった空範疇を含む厳密に定められた表示群を用い、非常に一般的な原理にしたがったデジタル計算を行っているという仮定である。そうすると、この研究は次のような驚くべき結論に対する証拠、しかも非常に強いと思われる証拠を示していることになる。つまり、心／脳の一部である言語機能は、その本質的な側面において、高度に特定化された性質をもつデジタル計算のシステムであり、単純な諸原理が相互に作用し合って、精密で複雑な結果をもたらしているということである。これは、生物的なシステムとしてはむしろ予期せぬ特性である。実際、他にはこのような生物的システムは知られていない。この結論は、われわれの分析の仕方に起因する人為的な虚構であるという可能性に注意しなければならないが、実際の証拠は、この結論が実在を反映するものであるということを示唆している。

私が知る限りでは、言語が示す離散的な無限性という特性をもち、同じようなデジタル計算の原理をもつ行動現象は、他にもう一つだけ知られている。それは人間の数機能（number faculty）である。これもまた明らかに種に固有のものであり、本質的に種に共有され、種に独自のものである。そして人間言語と同じように、必要とされる機能をもたない他の生物に教えることはできない。たとえば、動物のコミュニケーション・システムは数多くあるが、どれも有限（猿の叫び声）であるか、または連続的（ミツバチの「言語」や人間の身振りの体系）である。（連続的というのは、ある身体的なシステムについてどのような意味にせよ連続的と言える意味においてである。）人間言語とこれらのコミュニケーション・システムとの違いは「多少」という程度の問題ではなく、質の違いであることに注意したい。実際、言語は他の多くの用法と共にコミュニケーションにも用いられるが、人間言語がコミュニケーション・システムであるという考えにどれ程の意味があるのかは疑問である。これらの観察は次のようなことを示唆する。進化の歴史上はるか昔のある時期に、脳はデジタル計算のための能力、つまり回帰性をもつ規則とそれに付随する心的表示を取り入れるための能力を発達させ、そうすることによって、人間としての思考と言語のための基礎を獲得した。この計算能力は、おそらく言語機能から抽象された潜在的な能力であり、ずっと後になって文化的条件が整ったときに発現した。実際、社会の中にはそれが発現しないものもあった。ただ、すべての特徴が、個別的に選択されたと考える理由がないことは明らかである。

以上をまとめると、言語は一つの認知システムと考えるのがもっともよいと思われる。これは、心、究極的には脳の中に表示された知識のシステムであり、規則と表示からなる計算システムである。個々の言語は、部分的に未決定の部分を残す一般的な原理群が具現化したものである。これらの原理とその許容範囲内での変異は、われわれの生得的な資質の一部としての「心的器官」を構成する。われわれが獲得する知識は、その形式と特性において、大部分が言語機能の構造によって決定されるので、われわれの経験をはるかに越えたものとなる。それは、豊かで複雑な、高度に構造化されたシステムであり、広範な（実際には無限の）範囲の命題知識を生み出すものである。獲得されたシステムの性質、およびそれらのシステムを特定の具現化としてもたらす不変的な言語機能について多くのことが近年明らかになってきた。

獲得した知識をどのように使用するかという問題には二つの側面がある。それは、知覚の問題と産出の問題である。知覚の問題は、物理的な刺激を、形式と意味をもった言語表現として解釈することに関わる。産出の問題は、言語をその美的機能において思想の表現や遊びのために使用し、またコミュニケーションのような特定の目的のために使用することに関わる。知覚の問題は研究しやすく、この問題については多くのことが分かってきた。産出の問題は、デカルト派の人々にとって神秘であったように、依然として神秘のままである。デカルト派の人々は、先に述べたように、「言語使用の創造的側面」に適切な関心を向け、それが人間知性のまぎれもない証しであり、他の有機体がわれわれのような精神をもっているかどうかを示す最良の証拠になると考えた。彼らは、われわれと同じように見える他の有機体が、われわれのような精神をもっているのか、単なる機械、オートマトンまたは動物にすぎないかを決定するための、数多くの実験を提案した。これらのテストは、主に言語使用の創造的側面に関わるものであった。近年、これらの実験の一形態が、英国の数学者アラン・チューリング（Alan Turing）によって開発され、現在「チューリング・テスト」と呼ばれている。それは、機械が知的な行動を示すか否か、その機械が思考するか否かを決定するためのテストである。この問題は、現在「人工知能」あるいは「狭義の」「認知科学」と呼ばれる分野で扱われている。これは実際、デカルト的思考法の新たな枠組における復活である。われわれは言語使用のこれらの特性を観察することはできるが、それについて洞察に富んだ意見を述べることはできない。

以上の考察は「プラトンの問題」および「デカルトの問題」と呼びうる二つの伝統的な問題に関わる。プラトンの問題とは、バートランド・ラッセル（Bertrand Russell）の晩年の著作にあるように、「人間は、世界との接触が短く、個人的で限られたものであるにもかかわらず、かくも多くのことを知りうるのは、どのようにして可能なのか」という問題である。これは「刺激の欠乏」の問題の一つであり、認知システム一般にも拡張される。われわれが、知り、理解し、信じ、期待するものは、認知システムが依って立つ証拠をはるかに越えるものである。その認知システムは、注意も意識もせずに、いわばわれわれの制御を越えた形で、心によって本質的には均質に形成される。プラトンの問題は、身体の物理的器官にも、明らかに当てはまることに注意してほしい。つまり、身体の特徴やその相互作用も、外部の環境によって決定されない部分が多いのである。この場合の「刺激の欠乏」が豊かな生物的資質によって補われるのが当然と見なされていることからも分かるように、これは何ら問題のない、ごく常識的な見解である。

デカルトの問題は、言語使用の創造的側面によって例示されるが、もっと一般的には、先に述べたように、自由意思による選択や行為など、はるかに広範に及ぶものである。デカルトの形而上学や、彼が定式化した動物‐機械仮説を受け入れる必要はないが、彼の議論や洞察は、人間の思考や行動のモデルとしてのオートマトンに対して彼が提起した問題と同様、容易に無視することができないものである。さらに、種の内部における、あるいは種の違いを越えた認知システムの表面上の多様性と特異性について今日知られていることから見ると、［行動科学で言うような］「一般知能」や異種間の相似といった、よく知られてはいるが全く根拠のない考え方が、かなり疑わしいものであることが分かる。

プラトンの問題は、彼自身が問いかけたような形で問うことができる。彼の答えは、われわれは前世からの記憶があるので多くのことを知っているのだというものである。ライプニッツは、この解答は基本的には正しいが、「先在という誤りを取り除く」べきであるとした。ライプニッツの修正によるプラトンの想起説を受け入れると、先に述べた考え、つまり、われわれの知識は心の生得的な機能から導き出されるのだという考え方に至る。この仮定を現代の言葉で言い換えると、知識、信条、理解などの認知システムは、遺伝的資質によって決められた形で発達するということになる。これは身体（より正確には、［認知システム以外の］身体の他の側面）が成長し、成熟するのと同様である。現在のところ、遺伝的資質がどのようにして身体をある特定の仕方で成長させ、成熟させるのかということについてはほとんど何も分かっていない。特に、特定の心的機能の発達を促す遺伝的要因については、まったく何も分かっていない。しかし、これらすべてのケースにおいて、答を求めるべき場所がここであることは明らかである。結論は、次に挙げるプラトンの問題の諸条件から導き出される。環境は限られており質が悪いのに比べて、獲得した状態は豊かで複雑なものであること、またその状態が驚くほど正確で精密であり、経験が異なるにもかかわらず類似していること、などである。この結論は、何の問題もないとされる身体の成長の場合と同じように、言語のような心的器官の場合にも当てはまる。

文字どおり何の関連する証拠も与えられないのに、幼児が言語の諸事実に関する知識を完全に獲得し、たやすくしかも正確に使用するようになるという多くのケースが研究されてきた。実際、先に挙げた［代名詞の解釈に関する］例も、このタイプのものである。この場合、［言語についてのさまざまな］事実は何ら意識されずに獲得され使用されるだけでなく、その知識は通常何の証拠もなしに獲得されるのである。John expects to visit him において、代名詞 him は John を指すことができないが、そこからの類推に反して、I wonder who John expects to visit him では、代名詞 him が John を指すことができるというようなことは、どの幼児も教えられはしない。外国人に英語を教えるどのテキストにもこのような事実は書かれていない。実際、これらのことは数年前までは［言語の研究者にも］気づかれることすらなかった。それにもかかわらず、数多くのこうした事実が英語話者の共有する知識の中にあり、それらは心的表示の諸原理によって容易に説明される。これらの原理は、人間言語に極めて広く適用されているようであり、将来それらを正しく理解できるようになったときには、普遍的なものであることが必ず示されるであろう。

プラトンの問題はいま述べたような方向で研究することが可能であるが、それと対照的にデカルトの問題は、未だにまったく神秘に閉ざされている。この問題は、デカルトが時折示唆していたように、人間知性の限界を越えたものなのかもしれない。もしそうだとしても、特に驚くにはあたらない。先に述べたように、科学を形成する人間の能力には内在的な限界があるはずであり、われわれわれに提起しうる何らかの問題が、人間の心的機能と世界の本質についての真理との偶然的な交わりの部分に入るか否かを先験的に知ることはできないのである。

統語論の領域におけるプラトンの問題の一例を述べたが、この問題が他の領域においてもはっきりした形で現れるということを理解しておくことが重要である。音声の構造と意味について考えてみよう。この場合にも、ある言語を獲得した人々は、経験をはるかに越えた特定の知識をもっている。たとえば、実際には存在しない形式のうち、どれが存在しうるものであり、どれがそうでないかといったことについての知識である。strid と bnid という形を考えてみよう。英語の話者はどちらも聞いたことがない。しかし、strid は可能な語であり、珍しい果物の名前かもしれないが、bnid の方は発音することはできるが英語にありうる語ではないということが分かる。反対に、アラビア語の話者には、bnid は可能な語だが strid はそうではない、ということが分かる。またスペイン語や日本語の話者は、どちらも自分の言語では可能な語ではないことが分かる。こうした事実は、言語学習者がその言語を獲得する過程の中で知るに至る音声構造の規則によって説明できる。

音声構造の規則の獲得は、人間言語にとって可能な音声体系、それを構成している要素、それらの組み合せ方、さまざまな環境においてそれらが被るであろう変化などを規定している原理に依存している。これらの原理は、英語、アラビア語、スペイン語、日本語やその他すべての言語に共通であり、そのどれかを獲得しつつある人々が無意識に使っているものである。ここでも、これらの原理には論理的な必然性はない。これらの原理にしたがわないシステムを作ることは簡単にできるが、それは人間の言語ではないであろう。そのようなシステムは、おそらく言語機能によってではなく、心の他の機能によって学習されうるものかもしれない。またそれを教えるには、明示的な指導や訓練の課程が必要となろう。あるいは、そのようなシステムは化学や物理学の原理を発見するように、もしくは科学者として世界のいろいろな事実について意識的に知識や理解を得ようとする際に、人間言語に関わる諸原理を発見するような形で明らかにされなければならないかもしれない。いずれにしても、意識することなく、内省の可能性を越えたところで、心／脳に内蔵された原理を用いている言語学習者の場合とは異なる。

ある言語でどのような語が可能であるかについての知識が「類推によって」得られると主張したとしよう。その説明には、類推の概念が明らかにされない限り、何の内実もない。このような事実を説明する「類推」という概念を展開しようとすれば、その概念の中に音声構造に関する規則や原理を組み込んでしまっていることが分かるだろう。すべての場合に適用しうる「類推」という一般的な概念はないのである。むしろこの術語は、非常に誤解を招きやすい形で、われわれがもつ知識の特定の下位システムが示すさまざまな特性を指すのに用いられており、それらの特性は場合によってまったくまちまちである。

同じような問題が語彙獲得の領域でも生じる。その解決も同じような方向、つまり人間の言語機能を構成する生物的資質の中に求められるべきものである。語彙の増大がピークに達する時期には、幼児は、おそらく一日に一〇語、あるいはそれ以上という非常に驚くべき速さで語をマスターするようになる。一つの語を正確に定義しようとしたことがある人なら誰でも分かるように、これは複雑で込み入った特性が関わってくる非常に難しい問題である。普通の辞書の定義は語の意味の性格づけからは程遠い。語彙体系の獲得の速さと正確さから得られる結論はただ一つである。すなわち、子供は言語の経験に先立って何らかの形で概念をもっており、基本的には、既に自分の概念的道具立ての一部になっているいろいろな概念へのラベルを学ぶにすぎない。このために、辞書による定義は非常に不正確であっても目的を果たすのに十分なのである。つまり、辞書の利用者は、言語学習者と同様に、語の意味に関する基本原理を（それがどのようなものであれ）指導や経験とは無関係に知っているために、大体の意味が与えられれば十分なのである。この点は盲人や聾盲者の場合に特に顕著である。彼らは、証拠が極めて限られているにもかかわらず、watch（注意して見る）、gaze（じっと見つめる）、glare（にらみつける）、scrutinize（「何かを調べようとして」凝視する）などの視覚に関する語彙の知識を、驚くほど正確に獲得することができる。しかし、本質的な点は、通常の言語獲得の過程において十分に明らかである。概念の獲得にも本質的に同じ問題が生じることを心に止めておかなければならない。この場合にも同じような解答を与えることができると思われる。

　個々のケースを詳しく調べると、語の意味の複雑な側面を、「子供が」関連する経験なしに知っていること、また第二言語学習者にもそれを教える必要がないことが分かる。ここにどのようなことが関与しており、その原理の適用範囲がどの程度のものかを正確に説明するのは容易なことではなく、事実、断片的で不正確な説明がなされてきたにすぎない。ただ、あらゆる経験に先立って存在する生物的資質を基礎としてこれらのことが理解されるようになることは明らかである。その資質は、驚くほど正確に、また論理的な必然性のまったくない形で、語の意味の決定に関与するのである。これとはまったく異なる仕方で働く言語もありうるが、それは人間言語ではなく、人間が学ぶことができる可能性があるとしても、多大な困難が伴うであろう。

ここまで述べてきたことは、もっとも単純な概念においても成り立つ。たとえば、名前を付けることができるものという概念である。これは、詳しく調べてみれば、驚くほど複雑なものであり、人間による行為という込み入った概念まで関与していることが分かる。同様に、子供が利用できるもっとも原始的な概念の一つである人間という概念も非常に複雑であり、何世紀にもわたって深遠な哲学的探究の主題となってきたものである。明らかに、このどれもが経験を通して学ばれたものではない。事実、われわれが考えもせず、意識もせずに所有し、使用している概念の範囲を研究するためには、新たに考案した例を考えることが必要であるが、これは決して単純な仕事ではない。

人間言語において、経験と無関係に、ある特定の語に関連づけられる(または語によってラベルを付けられる）概念は、単なるリストをなしているわけではない。むしろ、それらの概念は言語音の場合と同様に、繰り返し現れる基本的な概念と組み合わせの原理とにもとづいた体系的な構造をなしている。行為、行為者、目標地点、意図、事象、状況などの概念は、思考と言語の概念に複雑な形で組み込まれている。follow と chase という語を考えてみよう。後者は、人間の意図を含む。ジョンを chase するということは、単に彼を follow することではない。ジョンが通る道筋を正確に follow しなくても彼を chase しうるし、ジョンを chase することなしに、正確にある一定の距離をおいて彼の道筋を follow することもできる。むしろ、ジョンを chase するということは、ある意図をもって彼を（かなり大ざっぱな意味で）follow することなのである。すなわち、彼の足跡をたどり、多分（そうとは限らないが）彼を捕えるという意図である。同様に、persuade という語は、意図や決心の概念と共に、使役の概念を含んでいる。ジョンを大学へ行くように persuade することは、ジョンに大学へ行くことを決心させるか、そう意図させることである。ジョンが大学へ行こうと決心したり意図することが全然ないなら、私がどんなに試みたとしても彼を大学へ行くように persuade したことにはならない。さらに、ジョンを大学へ行くように決心させたり意図させたりすることが、必ずしも彼をそのように persuade したことにはならない。たとえばその決心が、暴力や脅迫によってなされたような場合である。警察が容疑者を自白するように拷問によってpersuade したというような言い方をした場合には、われわれは皮肉をこめてpersuadeという語を使っているのである。英語を全然知らない人も、persuadeという語についてのこれらの事実が分かるであろうし、英語を獲得しつつある子供にも同じことが本質的に当てはまる。子供は、persuade という言語形式が、予め存在している概念に対応するかどうかを決定するのに十分な情報をもっているはずである。しかし子供は、この概念の正確な範囲やその複雑さ、つまり経験に先立って既に得られている情報を発見する必要はないのである。

子供は、物体、人間の意図、使役、目標地点などの概念に対する直観的な理解を備えて言語に接する。これらの概念は、思考や言語の枠組を構成しており、世界中の言語に共通である。これらの概念が表現される手段は、非常に近い関係にある言語においてさえ異なっているかもしれない。だがそれらを含む概念的枠組は、人間共通の特性である。その枠組が経験や多様な文化環境によってどの程度変化するかは議論の的であるが、語彙体系の獲得が、いかなる経験にも先立つ、豊かで不変的な概念体系によって導かれているという前提に代わる明確な代案はないであろう。自然科学の専門的な概念の場合でさえ同じことが当てはまる。それらの概念を科学者は部分的な情報や証拠をもとに獲得する。それらは高度に洗練された数理科学は別として、大部分が明示的で正確な表現なしに、当然のこととして受け入れられるのである。

この結論は、多くの人にとってまったく受け入れがたく、ばかげているとさえ見なされている。確かに伝統的な見方とは抜本的に異なっている。たとえばヒラリー・パットナム（Hilary Putnam）などは、carburetor（気化器）やbureaucrat（官僚）などの語を含めて、われわれが「概念の生得的なストック」をもっていると考えるのはまったく信じがたいことであると論じている。彼がこの点では正しいとしても、それは特に的を射ているわけではない。なぜならば、この問題は、「テーブル」、「人」、「追跡する」、「説得する」のような単純な語に関して、非常に深刻な形で生じるからである。だがパットナムの例に関する彼自身の議論は説得力のあるものではない。その議論は、概念の生得的なストックをわれわれがもつためには「進化は、未来の物質的、文化的環境のすべてにわたる偶発的な出来事を前もって予期していなければならなかったはずだ。明らかに事実はそうではなかったし、そうすることは不可能であった」というものである。これとよく似た次のような議論が、免疫学において長く受け入れられてきた。抗原の数は、世界に今までに存在したことのない人工的な合成物質まで含んでいて非常に多いので、進化によって「抗体の生得的なストック」が与えられていると考えるのはばかげている。むしろ、抗体の形成は、抗原が「指導的役割」を担う一種の「学習過程」でなければならないという議論である。しかし、この前提の妥当性は疑われるようになり、現在では誤りであると一般には考えられている。ニルス・カイ・ジェルネ（Niels Kaj Jerne）は、この考え方に挑んだ研究でノーベル賞を受賞した。そして、動物は「抗原が現れる前にその特性をもつ抗体を前もって作っていなければ、刺激によってこの特定の抗体を作ることはできない」という自説を展開している。つまり、抗体の形成は選択的な過程であり、そこにおいて抗原は選択的かつ増幅的な役割を果たしているのである。ジェルネが正しいにしても正しくないにしても、もっとも確かに正しいであろうが、同じことが語の意味についても言えよう。ここでの問題について、同じような議論ができるからである。

さらに、上述の議論は、carburetorやbureaucratといった語に対してさえ、少なくとも本質的な面では妥当だと考えるに足る理由がある。実際、われわれが知っていることと、それを知る基礎となった証拠との間の大きなギャップを注意深く考えてみれば、このことは刺激の欠乏というよく知られた問題を提起しているのである。自然がわれわれに概念の生得的なストックを与えてくれており、子供の仕事はそれらのラベルを発見することであるという結論がいかに驚くべきことであっても、経験的な事実は他の可能性の余地をほとんど残していないように思われる。

以上のような考察をもとに、次のような結論が十分に確立されたように思われる。すなわち、立言には、いかなる経験とも無関係に真であることが分かるものがあるということである。それらは「経験的事実に関する真」ではなく「意味に関する真」なのである。問題となった事実について何も知らなくても、ジョンを大学に行くように説得したのであれば、ある時点において彼は大学へ行くつもりであったか、行くことを決心したということが分かる。彼がそう決心しなかったのならば、彼を説得したとは言えない。何かをするようにジョンを説得するということは、彼をそうするつもりにさせるか、そう決心させることだという立言は、必然的に真である。すなわち、事実とは無関係に、その語の意味によって真なのである。それは専門用語で言えば「分析的真」である。他方、ジョンが大学へ行ったという立言が真であるか否かを知るためには、この世界についての何らかの事実を知らなければならない。

現代の英米の哲学において広く受け入れられ、かつ影響力のある結論の一つは、分析的真と、事実によってのみ真である立言との間には、明確な区別がないということである。つまり従来の研究において「分析的真」と呼ばれてきたものは、固く信じられている信条の表明にすぎない、という主張である。たとえば、リチャード・ローティ（Richard Rorty）によれば、この結論は現代哲学における二つの基本的な発見のうちの一つであり、非常に広い視野をもつ伝統的な世界観を揺るがし、彼が信奉する相対主義の一形態へと導くものである。この結論は（私見では、彼の言う第二の発見と同様）まったく誤りであると思われる。この世界で見出すことができるかもしれない事実の中には、ジョンが決して大学に行くつもりもないし、そう決心もしないのに、あなたがジョンを大学に行くように説得したと私に思い込ませるようなものは存在しない。あるいは彼が大学に行くつもりになったことも行こうと決心したこともなかったならば、あなたは彼を説得し損なったのだ、という判断にいくらかでも関連をもつような経験的事実も存在しない。persuade（説得する）とintend（意図する、つもりになる）またはdecide（決心する）との間の関係は、経験とは独立した概念構造における関係であると思われる。もっとも、そのような関係をもつ概念に対して、特定の言語がどのラベルを用いるかを決定するためには経験が必要である。これらの問題に関する哲学的論争は、誤解を招きやすいものであった。なぜならば、chaseやpersuadeなどに見られる関係構造をもたないような非常に単純な語に焦点が当てられてきたからである。たとえば、「ネコは動物である」という立言が、意味に関する真か事実に関する真か、ということについて多くの論争があった（もし「ネコ」と呼んでいるものが実は火星人に操られているロボットであることが判明したならば、「ネコは動物である」という文は今や偽と考えられるのか、あるいは「ネコ」と呼んできたものは実際にはネコではないと結論するのであろうか）。このような場合には、決定が容易ではない。しかし、他の場合には極めてはっきりしているように思われる。

さらに、ある立言が意味に関して真なのか、事実に関して真なのかは、経験的研究によって確定することができ、またそうでなければならない。ここにはさまざまな種類の考慮が関与してくるであろう。たとえば、言語獲得や言語間の多様性の研究である。したがって、分析的真やさまざまな［概念的］関係の存在をめぐる問題は経験的なものであり、通常関連するものとして出されている証拠の範囲をはるかに越えた経験的研究によって決定されるべきものである。ジョンが大学に行くことを決心せずに、またはそうするつもりがないのに、私がジョンを大学に行くように説得できたかどうかについて、二人の人が異なった直観的判断をしたとしよう。われわれは決して袋小路に陥ってはいない。むしろ、対立するいくつかの理論を作り、それらをテストすることができる。persuade と decide または intend との間の関係が概念的なものであると考える人は、これらの概念の構造やその原始要素などを精密にし、言語の獲得や使用の他の側面が、生得構造に関するまったく同じ前提によって、どの言語でも説明できることを示そうと試みるであろう。一方、その関係が、意味の関係ではなく、固い信条の問題であると考える人には、この場合や他の多くのケースにおいて、正しい結論を生み出すような信条固定化の理論を作り出すという仕事がある。私には、前者の方針の方がはるかに有望だと思われるが、これは経験的研究の問題であり、実質的に何の証拠もない宣言といったものではない。これらの問題はすべて広く考え直すことが必要であり、過去数十年にわたって一般に仮定されてきたことの多くは、せいぜい疑わしいものであるとしか思えない。

子供は、予め与えられた豊かな概念的枠組と、音声構造や発話のより複雑な構造についての前提を備えた豊かなシステムとによって、言語の獲得という仕事に取りかかると思われる。これらによって、知識の中にヒュームの言う「自然の手から」与えられた部分が構成される。これらは、人間の生物的資質の一部をなし、経験によって呼び覚まされ、子供が人間や物質的世界と交渉するにつれて研ぎすまされ、より豊かになってゆくものである。このようにして、われわれはプラトンの問題に対する一つの答に近づくことができる。このアプローチは「先在の誤りは取り除かれている」が、プラトン自身の解決と全く異なっているというわけではない。

言語と知識について広く受け入れられている基本原理の多くをわれわれは放棄せざるをえないと思われる。大枠を定める生得的な構造が存在し、その中で思考と言語が細部の精密な点に至るまで発達するのである。言語と思考は心の中で呼び覚まされ、他の生物的特性と同じように、大部分が既に決定されている過程をたどってゆく。その発達の仕方は、意味の真理に関する豊かな構造を与えるものである。これらに関する人間の知識や理解は、科学や数学を含めた他の領域にも当てはまると思われるが、これらは帰納法や何らかの信頼しうる手順などを適用することによって導き出されるわけではない。つまり、いかなる有用な意味においても「もっともな理由」にもとづいてはいない。むしろ、それはわれわれの生物学的な性質にもとづいており、適切な経験によって発動され、心の中に成長してくる。またごく限られた範囲において、心の生得構造で決定されずに残されている選択肢を、経験によって決定することにより形成される。その結果として知識、信条、理解のシステムとしての認知システムの精密な構造が決まる。これらのシステムは、他の生物的器官と同じように、固有の範囲と限界とをもつ人間の心の性質そのものを反映している。

このような結論は、言語の研究によって十分に支持されてきたと思われる。これはまた、さらに広く、おそらく普遍的に、人間の思考の諸領域に当てはまるものではないかと思われる。もしそうであるならば、われわれは、現代の哲学の基本的な前提および、科学知識、数学、倫理学、美学、社会理論やその実践、その他多くのものを含めて、一般的な知的文化の根底をもう一度考え直さなければならない。これらの問題は、ここで取り上げるにはあまりに幅広く、その影響があまりに広範に及ぶものであるが、従来一般に広く受け入れられてきた視点とはかなり異なった観点から真剣に考察されなければならない問題であると私には思われる。

講義2　言語研究の概念的基礎

講義1では、言語研究を認知心理学、より一般的には人間に関する生物学の中に位置づけて研究を行うアプローチの輪郭を示した。ここで認知心理学というのは、認知システム、すなわち知識、信条、および理解のシステムの研究を意味する。これらのシステムは、心／脳の構成要素の一部をなす「心的器官」と、ごく自然に見なすことができる。認知心理学では、これらのシステムを抽象的なレベルで捉え、その一般的な構造、機能の仕方、成長と発達、また相互作用がどのようなものであるのかを探究する。

このような抽象的なレベルでの研究が、脳科学と直接に結びつけられる日がくることを期待したい。脳科学の課題は、心的器官の抽象的な研究において見出された諸特性を実際に示す物理的機構を発見することにあるからである。こうした心的器官の一つが言語機能である。言語機能は、ヒトという種に固有のものと思われるシステムで、そのメンバーが共通して所有している。つまり「種の特性」である。

講義1では、心/脳へのこのようなアプローチが、自然科学の方法と完全に一致するものであることを示唆し、またヒュームが「人間性の科学」と呼んだ古典的諸問題をこのアプローチではどのように取り扱うかについて、見解を述べた。その取り扱い方は、古典的アプローチとかなり密接に関係している場合もあるし、それらとは非常に異なっている場合もある。また、言語の諸問題、より一般的には、人間の知識に関する重大な過ちについても論じた。これに関連して、過去数十年間の知的な流れの主流となってきた行動科学の方向づけに対して、私が懐疑的であることも表明した。この行動科学的方向とは、何世紀にもわたって哲学的思索の多くを、さらには人間科学の研究の多くをも支配してきた経験主義の発展の結果なのである。特に、私が概観した明らかにメンタリスティックなアプローチが、自然科学では広く受け入れられている合理的な研究方向を追求しているのに対し、行動科学的アプローチは、この方向から決定的かつ自己破壊的に逸脱するものであることを示唆した。この講義2では言語機能自体に、より直接に焦点を絞りたいと思う。

講義1で述べたように、脳以外の身体器官の研究では、いろいろな器官の一般的な特性とその成長の大部分が人間の生物学的資質によって決定されるのであって、環境要因の反映ではないということが当然のこととされている。もっとも、そのような要因——たとえば適切な栄養摂取——は、胎児から成熟した状態へ至るまでの身体の発達を誘発するために必要であり、周知のように比較的表面的にはこうした発達の過程を性格づけてもいる。

精神の構造や精神生活については、類似の証拠にもとづいた同じような結論が多くの議論の的になり、非常に不快であるとさえ見なされるのは、［それ自体］興味をひかれる事実である。これは、唯物主義的ないしは自然主義的な概念に厳密にしたがうとされる分野においてもっとも劇的な形で見られる根深い［心／身］二元論の反映であると思う。しかし伝統的な二元論と現代の二元論には決定的な違いがあることに注目しなくてはならない。たとえば、デカルト派の伝統的［心／身］二元論は、正しくはなかったかもしれないが、非常に合理的なものであった。彼らは（彼らの意味での）力学の範囲を越えた現象を見出し、それゆえにその現象を説明するために力学以外の原理を求めたが、それは正当なことであった。彼らの探究は、物体に関する形而上学に深く関わっていたため、誤った方向をたどった。だがそれ以外の点では、その形而上学的二元論は彼らが発見した問題に対する合理的なアプローチであった。それは、ニュートンがデカルト派の力学の範囲を越えた原理、すなわち「神秘的な原理」を示唆したときのアプローチと異なってはいない。

それとは対照的に、現代の二元論は形而上学的二元論ではなく、むしろある種の認識論的二元論であり、自然科学の方法によって心／身問題に取り組むことを拒むものである。これは、あらゆる種類の行動主義ないしは「行動科学」的アプローチ全般について言えることである。さらに、こうした心／脳の問題への合理的なアプローチを拒絶する姿勢は、現代のさまざまな考え方に広く見られる。たとえば、知識を能力と性向によって分析しようとする試み、認知システムが一般的な機能ないしは「一般的な学習機構」に還元されるはずであるという主張、あるいは認知システムが生物学的に決定されるものであるということを原理的に拒絶する立場、さらに認知システムが事実とは関係なくクワインの「質空間」や帰納や連合のような単純な概念に限定されるべきであるという主張などである。このような認識論的二元論はまったく支持することができない。完全に破棄されるべきものである。これに対して、伝統的思想に見られる形而上学的二元論は、洞察と真理の核心を含んでいる。もっとも、われわれはその方向を行き詰まらせた実体形而上学にとらわれる必要はない。

ここでは、講義1で概観した心／脳の問題に対するメンタリスティックなアプローチが一般に有効であると仮定し、この見地から探究される言語機能の研究に目を移したいと思う。講義1で述べたように、ここでは言語理論を展開したり、これまでに達成されたことやアプローチの問題点を詳しく検討するつもりはない。それは限られた時間ではまったく行うすべのない作業だからである。それよりも、言語研究の概念的基盤を考察し、当該の問題をどのように述べるべきか、特にこの探究が自らの性質を正しく捉えていなかったためにどこで道を誤ったかを明らかにすることを試みる。実際、この点についての誤った考え方は、研究の基本用語の理解の仕方にしばしば現れることがあり、基本用語の誤った使い方によって、重大な概念上の誤解の存在が明らかになることがよくある。この誤用によって、言語の問題、より一般的には心の問題の探究が妨げられ、誤った方向へ導かれてきた。たとえば、言語の探究にとって基本概念であることが明らかな「言語」という術語自体を考えてみよう。

先に、英語、日本語などが、一般的で不変である人間の言語機能の特定の現れであると述べた。ここですぐに保留条件が生じてくる。まず、われわれが普通「英語」と呼ぶものは、人間の言語機能の特定の現れではない。むしろわれわれは「英語」という用語によって、部分的には社会政治的、また規範的・目的論的意味で捉えられる何らかの言語システムの複合体を指している。このような用法は、一貫性をもちうるものであるかどうかさえ疑わしい。もっとも日常の場面ではほとんど問題にならないことではあるが。

私はどこかロンドンの近くで話される言語を、ほとんど一言も理解できないかもしれないが、われわれはその言語と私が話す言語の両方を「英語」と呼ぶ。「ドイツ語」と呼ばれるものの変種のいくつかは、「オランダ語」と呼ばれるものの変種と相互に理解可能だが、「ドイツ語」と呼ばれる他の言語体系とは相互理解が不可能である。また、普通の常識的な用法では、五歳の子供や英語を学習中の外国人が話している言語を指す用語はない。それは普通の意味では私の話す言語でも、他のどの言語でもないことは確かである。むしろ、その子供と外国人は英語を学習する「途上にある」のであり、やがて子供は「そこに到達する」であろうが、成人の外国人はおそらく完全にはそこに到達しまいという言い方をする。しかし、仮にすべての大人が突然病気で死んでしまい、五歳以下の子供たちだけが生き残ったとすると、その子供たちが話しているものが何であれ、それが現在は存在しなくても、人間言語の典型になるであろう。普通の用法がここで破綻してしまうのは別に驚くべきことではない。その概念は言語の性質を探究するようには作られていないからである。

また、「誤り」とか「表現の誤用」と呼ばれている問題を考えてみよう。われわれが「英語」と呼ぶ言語の多くの、おそらくほとんどの話者は、lividという語をlivid with rageという句で覚えたのだが、その意味は「赤い」とか、「頬を紅潮させた」だと思っている。しかし辞書にはそれが「青ざめた」という意味だとある。したがって、livid with rage という句は、辞書にしたがえば、ほとんどの話者が思っているように「怒りで赤くなる」という意味ではなく、「怒りで青ざめる」という意味なのである。通常、自分たちの言語におけるこの単語の用法に関して、話者が誤りを犯しているという言い方をする。九五パーセントまたは、多分一〇〇パーセントの話者がこの誤りを犯している場合でさえも、われわれはそう言うであろう。他方、もし辞書やその他の規範的文書がそのすべての記憶と共に抹殺されてしまったとするならば、livid はその新しい言語では「顔を紅潮させた」という意味になるであろう。

このようなことすべてが何を意味するにせよ、結局は科学である言語研究とは何の関係もなく、権威、階級構造といった他の概念に関わるものである。「共同体の規範」ないしは「規約」という概念が、未だ行われていない何らかのやり方で明らかにされない限り——このことが首尾一貫した方法で行える可能性があるならばの話だが——文献によく見られる議論を受け入れることには、注意しなければならない。それらの議論は、「誤り」とか「誤用」などの概念が十分明らかであると見なして、そうした概念にもとづいて立てられているからである。しかし「誤り」とか「誤用」の概念は決して明らかではないのである。

このようなことはすべて、発音の問題を考えてみれば、非常に簡単に理解することができる。

ある方言の発音が「正しく」、他の方言の発音が「誤り」であると言うのは、スペイン語を話すのが「正しく」、英語を話すのが「誤り」であると言うのと同程度の意味しかない。そのような判断は、どのように位置づけられるにせよ、言語や心の研究、つまり人間に関する生物学とは何の関わりもない。あるいはより正確には、そうした判断は諸々の認知システムの相互関係を探究する、はるかに幅の広い研究と関連するものである。それは、現在の理解の範囲を越えており、そこに介入する要素が同定され、理解されない限り、われわれにはおよそ理解することができない複合体なのである。「解釈の誤り」や「誤用」の問題なども、ほとんど同じ位置を占めるものである。

自分自身の言語に関しても間違う場合がありうることに注意してみよう。たとえば［先に述べた］livid が、現在私が用いている言語で実際に「顔を紅潮させた」という意味であるのに、その意味は「青ざめた」であると言うとするならば、それは間違いである。それは、おそらくは単なる間違いから、自分の言語では直接目的語に対しては who ではなくて whom が常に使われると言ったり、私が生来話している都会方言の何らかの特徴を否定したようなときの間違いとまったく同じである。自分自身に関する判断というものは、他の判断同様、誤りを免れないものである。だが、そのことを今ここで論じているわけではない。

同じように考えると、一個人の言語でさえも、人間の言語機能の特定の現れでは決してないことが明らかになる。誰一人として均質の言語共同体で言語を獲得することはないからである。個々の人が心／脳に表示しているのは、可能な人間言語の奇妙で部分的に偶発的な混合物であり、それはさまざまな場面でさまざまな方法で用いられる。現実社会のこれら複雑な要素について、いずれは何かを理解することができるようになることを期待してもよいであろう。だが、このような事柄の探究が進歩を遂げることができるのは、それが言語を人間の言語機能の「純粋な」現れとする、より基本的な概念の理解にもとづく場合だけであることは確かである。そして、これらのより広い問題に関する実際の研究は、その主張に反して、こうした仮定に終始依存しなければならず、事実依存しているのである。そこでわれわれは、人間の言語機能、および理想化された均質の言語共同体に置かれた子供の心／脳に現れる言語機能の具現化に、主な関心を集中することにする。これらは、「純粋な」形での可能な人間言語である。このように通常に行われている理想化の下で研究された心／脳の真の特性が、複雑な社会環境における言語の獲得と使用に重要な関わりをもつことは、何ら疑いの余地もない。われわれは、心／脳のこれらの真の特性を理解できる限りにおいて、現実社会のより複雑な特性を扱うことが期待できるのである。

以下では、「英語」、「スペイン語」、「日本語」などの用語を使うときは、理想化された均質の言語共同体に置かれた子供の心／脳に生じる言語機能の「純粋な」現れを指すことにする。この理想化された均質の言語共同体を構成しているのは、われわれが漠然とそしておそらくは一貫性を欠いて「英語」などと呼んでいるものの変種の一つを使用している話者である。このように明確にすることによって、十分に誤解を避けることができると思う。

言語が個人心理の要素ではなく、何らかの意味で共同体の特性と見なされるべきであるという考え方がある。そしてそれを支持する議論として、われわれが不完全な理解の下で使っている、特定の単語の意味を決定する場合、「専門家」の意見にしたがうということが、よく言われる。たとえば、私はketchやyawlという単語が何らかの種類の帆船を指すことは知っているかもしれないが、その意味を正確に説明するためには、専門家に頼るというようなことである。このことについてコメントを二つ述べよう。第一に、この問題は、言語を心／脳の認知システムと捉えることの正当性、すなわち人間言語を「個人心理」の見地から捉えることとは無関係だということである。第二に、普通の話者と、彼らが依存する「専門家」を含むような、一貫性のある「言語」の概念を展開しうるかどうかもまた疑わしいということである。第一の点に関しては、私の心／脳に表示されたシステムは、帆船を指すyawlやketchという語を含んではいるが、その概念をもっと精密に同定するために、他の人の判断にしたがうのだと考えるだけで十分である。

第二の点については、たとえば、私が判断を任せた専門家が、たまたまこれらの単語の意味以外には英語をまったく知らない日本人だったと想定してみよう。ヒラリー・パットナムは、この現象を「言語の分業」と呼んだが、これを言語が共同体の特性であることを示すものと考えるならば、この日本人の専門家は、英語話者の共同体の一員であるはずだと言うことになる。さらに、各々の人間言語Lにおいて、私の言語の何らかの単語で、その意味の完全な説明を得るのに、Lの話者の判断にしたがわなければならないものがあるとしよう。すると、誰もが英語の話者であるということになってしまう。こうした観点から「英語」という概念がどのように展開できるのか、またなぜそのような仕事が行われなければならないのかは理解しがたい。

言語（あるいは個人言語）を個人心理に関する概念と見なす考え方は、より基本的な概念、つまり言語を共同体の特性として捉え、それが共同体の規範や「行動の規則性」を反映するものであるという概念から派生的に得られるということがよく論じられる。たとえば、オックスフォードの哲学者マイケル・ダメットなどがそうである。私の知る限り、このような見方で、筋道の通ったものは未だ提案されていない。また、それが直面する諸問題を概観すると、そうした試みは見込みのないものに思われる。それは、「規範」の概念を明らかにしようと試みたり、言語使用の通常の創造的側面がどうして「行動の規則性」の問題になりうるかを説明しようと試みれば、すぐに明らかになる。たとえば、新たなものを生み出す通常のプロセスが、どうして「言語の規則性」や「規範」の反映でありうるだろうか。

言語には、実際に規範もあるし、いくつかの周辺的な行動の規則性さえある。たとえば、慣習的な挨拶や、さまざまな場面における文語的表現と口語的表現の選択に関しては、おそらくこのような見地から説明できるであろう。しかし、言語と言語使用の通常の特性が「規範」や「規則性」にもとづいてどのように記述できるかをわずかでも示すことは誰もしていないし、そのような試みは見込みがなさそうに思われる。また、先に概観した線にそった、個人心理にもとづく言語研究に対しては、深刻な異議は唱えられていない。いずれにせよ、通常の言語に関する常識的な概念は、人間言語の探究にとってはほとんど役に立たない地図上の「言語別の」色分けや、権威の構造や、その他の諸概念に関わるものであるという事実をわれわれは見過ごすべきではない。

それに対応して、言語研究の真剣な試みはどれも、常識的な意味から離れて、それを何らかの専門的な概念で置き換えてゆかねばならない。「従来の」選択は、一般的には疑わしいもので、言語研究の深刻な妨げになってきたと思われる。一般的に行われてきたのは、私が他のところで「E言語」と呼んだものとして言語を定義することである。「E」というのは、「外延的」(extensional) および、「外在的」(externalized) であることを意味する。その定義が外延的なのは、言語を何らかの対象の集合としている点にあり、また「外在的」というのは、そのように定義された言語が心／脳の外にあるという点にある。したがって、どのように選択されたにせよ、その集合はまったく心／脳の外にあるのである。

E言語の概念の典型的な定式化は、アメリカの著名な言語学者レナード・ブルームフィールド(Leonard Bloomfield)による「言語」の定義である。それによると、言語は「ある共同体で話される発話の総体」である。言語共同体というものも、もう一つの抽象的な実体で、均質的なものであると仮定されている。もう一つのアプローチは、言語を音と意味との関係とするアリストテレスの概念に究極的にはもとづくものだが、「言語」を発話と意味との対の集合と定義する。すなわち、(s、m)の対の集合で、sは文あるいは発話、mは意味であり、おそらくは可能世界のシステムにおいて、何らかの種類の集合論的対象として表示されるものである。これはたとえば、哲学者のデイビッド・ルイス(David Lewis)が提案しているものである。同じような提案は数多くある。実際のところ、ある程度の精密さを目標とした言語研究のほとんどすべてが、E言語のいずれかの概念を用いている。

これらの提案のいずれにおいても、文法は「言語」として選ばれた集合を列挙または「生成」する、何らかの種類の形式的システムになるであろう。それは明らかに無限の集合であり、それに対して有限の表示が求められるのである。

「E言語」の概念とその変種は、数多くの問題を提起する。第一に、その集合は、定義の仕方が不明瞭で、境界が不確定であるだけではなく、より深い意味において不適切である。たとえば、The child seems sleepingといった表現のように、「準文法的な文」と呼ばれることのあるものを考えてみよう。この表現は言語の内にあるのだろうか、それとも外にあるのだろうか。どちらの答も容認することはできない。この表現には明らかに明確な意味がある。英語の話者は、完璧に明確な仕方で即座にそれを解釈する。それは、日本語しか話さない話者がこの表現を解釈する仕方とはまったく異なっていよう。したがって、この表現は「E言語」の集合から単純に除外することはできないが、英語の話者なら誰にでも分かるように、適切な文でないことは明らかである。しかし、英語の話者と日本語の話者は、ヒンディー語の文を解釈する仕方においても異なっている。したがって、すべての言語は英語の範囲に入るという結論になってしまうが、これはまったく意味をなさない。

このような一連の問題に対して、一貫性のある解釈があるのかも疑わしい。事実としては、英語にしろ日本語にしろ、どの言語にせよ、その話者は広範な物理的事象に特定の位置づけを与えるような知識のシステムを発達させているのであり、いかなるE言語の概念も、またそこから発展したいかなる構成概念も、この本質的な事実を正当に取り扱うことはできない。三十年以上も前に始まった生成文法のごく初期の仕事において、私や他の人々は、これらの事実を扱う「準文法性」の概念を定義しようと試みた。しかしその考え方は、訂正しようのないほど間違っていたように思われる。一九六五年の著書『文法理論の諸相』(*Aspects of the Theory of Syntax*) では、したがって異なったアプローチを提案した。普遍文法(特に音声学を扱う部門)は、可能な表現の類を提供する。ある特定の言語は、特定の話者にとっての言語機能の安定状態をなし、これらの表現の各々に何らかの種類の構造を付与する。私は英語を知っているので、私の心〔的システム〕はThe child is sleeping、The child seems sleeping、Sleeping seems the childに、また実際に日本語やヒンディー語の表現にも、特定の構造を付与する。同様に、日本語だけを話す話者の心は、これらの表現の各々に特定の構造を付与するが、それは私がそれらに付与する構造とは異なる。それぞれの表現に対する構造付与の仕方が、われわれの知っている言語を構成するものなのである。それ「英語」や「日本語」を構成する表現の集合を認定する明確な方法はないし、それを試みることには何の意味もないように思われる。

E言語のいかなる概念を採用しても、そこから生じてくる第二の問題は、文法の選択、つまりE言語の表現を生成する形式的システムの選択に関するものである。どの集合をとってもそれを列挙する多くの文法があることは明らかである。そのため著名なアメリカの哲学者W・V・クワインが多くの著作で論じたように、文法の選択は真理の問題ではなく便宜上の問題であると一般に論じられてきた。それは何らかの表記法による算術の［式表現としての］適格な文のための「文法」を選択することに非常に似ている。算術の適格な文を生成する仕方の選択、すなわち算術の文法の選択においては、「真理」や「正しさ」は問題にならない。むしろそれは、目的によって異なってくる便宜上の問題なのである。

しかしここでわれわれは、言語研究の主題に関する真の問題に直面することになる。明らかに、英語の話者を日本語の話者と区別する心／脳に関わる何らかの事実は存在しており、このことに関しては真理が存在する。それは究極的には生物学の問題である。しかし集合は心／脳の中にあるのではないし、文法はE言語を列挙する限りにおいて自由に選択される。したがってE言語の研究はどのように解釈されようとも、英語の話者と日本語の話者に関する真理に関与するとは思われない。それは原則においてでさえ自然科学の一部ではない。人々はそれ［上の意味での真理の探究］はまったく意味のないものであって、単に幻を追いかけるようなものであると論じるかもしれない。多くの哲学者——クワインやルイスや他の多くの人々——は、言語学者が心／脳についての真理に関与していると主張するのは誤りであると結論づけている。もっとも、言語に関するそのような真理は、それに関心をもつ者にとっては明らかに存在しているのであるが。彼らはまた、われわれを悩ませる哲学上の問題は、文法が「何らかの形で内的に表示されている」という主張によって生じると論じる。実際にE言語がわれわれの研究課題として与えられていて、文法はE言語を生成する方法にすぎず、便宜上の理由によっていずれかの方法で選ばれるだけであるのなら、これは正しい結論のように思われる。他の人々（ジェロルド・カッツ（Jerrold Katz）、スコット・ソームス（Scott Soames）ら）は、言語学はわれわれが「P言語」と呼びうるような、何らかのプラトン的な対象に関わるものであると主張している。P言語は、数や集合などと共に、何らかのプラトン的な世界に存在する抽象的な存在である。彼らはさらに「P英語」は、英語話者の脳の心理状態とは独立して真理であるか、あるいは真理であるかもしれないものであると論じている。言語をE言語の一変種と解釈して研究を始める人々が、どのようにしてこれらの結論に到達するかは容易に理解できる。

「言語学」という用語をどのように定義するかを論じることはあまり意味がないが、明白で議論の余地がないのは、一つの研究領域が存在することである。それを「C言語学」（認知言語学）と呼ぼう。これは、適切に理想化されたC英語やC日本語を話す人々の心／脳の真理に関するものである。この分野は、講義1で論じたように、基本的には厳密に自然科学の領域内に属するものである。C言語学においては、科学的研究で一般に生じることのない哲学的な問題は生じない。事実や解釈に関しては数多くの問題が生じるが、それは経験的研究にはよく見られるような類のものである。

P言語学（「プラトン的言語学」）あるいは一般的にE言語の研究の位置づけ、または何らかの「共同体の特性」としての言語の位置づけは、これ［C言語学］とはまったく異なっている。たとえば、P言語学の主唱者は、C英語やC日本語等の実在物と、それらの話者の実際の心／脳に加えて、彼らが何らかの方法で描写して研究することを選んだ抽象的なプラトン的対象が存在することを示さねばならない。このような主張のメリットが何であるにせよ——私は何のメリットも見出せないが——人々がどのような抽象的対象物を構築するにしても、それを数学の一形式として研究できるということを記しておけば、この問題はもはや考察の対象からはずしてよい。この主張には経験的な関連性、つまり実在の世界との関連性はないのである。

しかし、これでもクワイン、ルイスらが提起した一見問題と思われるものはまだ残る。それは、同じE言語を生成する「外延的に等価な文法システム」の集合の一つが、何らかの方法で物理的に記号化された特性として話者・聴者に正しく付与されるのに対して、別のシステムはまったく偶然にE言語を生成するに過ぎず、話者の心／脳と知識のシステムを正しく説明するものではないという点である。彼らは、このような主張は「愚かな考えである」と論じている。明らかに、彼らの結論は正しいものではありえない。誰もが認めるように、話者の心／脳と、そこに表示されている知識の体系に関しては、確かに何らかの真理が存在するからである。英語話者の心／脳と、日本語話者の心／脳とは、ある決定的な面で確実に異なっている。したがって、彼らの議論の過程で何らかの誤りが生じたに違いない。

注意してほしいのは、この問題が形而上学的実在主義の問題でも、科学理論の選択の問題でもないことである。これらのことに関してどのような立場をとったとしても、外延的に等価な文法の中から一つを選んで話者・聴者に帰する際に別の哲学的問題、あるいは「愚かな考え」が生じると主張できるであろう。この結論は明らかに誤りではあるが、算術については「真の」文法は存在しないという結論が正しいのと同じように、十分な根拠があると思われる。したがって、一つの問題が残ることになる。

E言語の研究から生じてくる第三の問題は、これらの集合の特性に関わるものである。集合は形式的特性をもつものであるから、人間のE言語に特有の形式的特性があるかどうかを問うことは意味があるはずである。それは文脈自由なのか、回帰的なのか、あるいは可算的であるのか。これらの可能性はいずれも肯定され、また否定されてもいる。要点は、これらの問いに明確な意味があるかどうかまったく自明ではないと思われるのに、真剣に取り上げられているということである。さらに、多くの文献でこれらの問いに対する答が構文解析や学習可能性の問題に何らかの関連をもつと論じられているが、そう信ずることはまったく根拠がないと思われる。

こうしたことすべては、私の見解ではまったく不明瞭で、意味のないものである。なぜなら、E言語という概念は人工物であって、結局は科学である言語研究においては、何の位置も占めないものだからである。E言語はどのような方法でも選びうるし、まったく選ばれなくてもよい。というのは、おそらく一貫した選択の方法もないし、その概念はどのような経験的探究にも役立たないように思われるからである。特に、普通行われている次のような仮定にはまったく根拠がない。すなわち、E言語は何らかの仕方で「与えられて」いるという仮定、またある人が特定のE言語を使うという考え方は別に何の問題もなく理解できるのに対し、E言語のある特定の「文法」が実際に話者によって使われ、他の文法は使われないという主張は、全面的に間違ってはいないにせよ重大な問題がある、という仮定である。明らかに、無限の集合は「与えられて」いない。子供に与えられるのは、一連の有限の言語資料であり、それにもとづいて子供の心は何らかの知識のシステムを発達させる。その知識のシステムは、個々の恣意的な言語表現に音声形式と意味を与え、その言語表現の位置づけを決定する。たとえば、英語ではなく、日本語からある異なった有限の資料が与えられると、獲得される知識のシステムは異なったものになる。心／脳のシステムが実際にどのようなものであるのかという問いは、科学の他のいかなる問いとも同じように、意味のあるものなのである。

E言語に関しては、この「心／脳のシステムが実際にどのようなものであるのかという」問いは無数の問題を生み出し、それらはおそらく解答不可能であろう。というのは、E言語は、それが何であるにせよ、もっとも何かであればの話だが、内的に表示された知識のシステムよりも、「心／脳の」実際のメカニズムから離れており、抽象化の度合いが高いからである。内的に表示された知識のシステムが「正しい文法」なのだが、同じような問題を引き起こすと間違って考えられてきた。E言語の概念はすべて、言語を心／脳の外にある抽象的対象と見なすが、私が提案したアプローチは、言語を心／脳の認知システム、つまり先に述べた適切な理想化の下での実在世界の一部と見なすものである。驚くまでもなく、E言語の概念は多くの問題を生むが、それらはみな誤った概念上の枠組から生じた擬似的な問題なのである。

これらの問題すべての源は、言語研究の基本的概念、すなわち「言語」の概念の選択が不適切であったことにある。唯一の適切な概念で、真の位置づけをもつのは、普通「文法」と呼ばれているものである。ここでもまた不幸な用語上の決定があり、その結果明らかな誤解が生じた。形式言語との類推は誤解を招く不適切なものであるのに、それにしたがって、私や他の人々は「言語」という用語を何らかの類のE言語を指すのに用い、「文法」という用語を一貫して多義的に用いてきたのである。これは常にはっきり述べられてきたにもかかわらず、混乱を引き起こしてきたことは事実である。「文法」という用語は、言語学者の理論を指すのにも、その理論の研究対象を指すのにも用いられてきた。より良い用法は、「文法」という用語を言語理論に限定して用い、言語を「I言語」と呼びうるようなものとして理解することであろう。ここで「I」というのは、「内包的」(intensional) または「内在的」(internalized) ということを指す。I言語とは、文法が記述しようとするものである。それは心/脳において表示されるシステムであり、究極的には今のところ何も分かっていない物理的メカニズムに表示される。この意味で、それは「内在化」されている。また内包において考察される特定の関数と見なすことができる点で「内包的」である。すなわち、数学的な意味における関数の、ある特定の現れなのである。それは広範な物理的事象のそれぞれに、ある位置づけを与える。それらの事象にはJohn seems to be sleepingという発話や、John seems sleepingという発話、ヒンディー語の文などが含まれるし、またおそらくドアのきしむ音も含まれるだろう。英語の話者と日本語の話者では、この雑音の「聞き」方がどのように異なっているかを示すほど十分に注意深く実験ができるなら、これらの事象が含まれることが分かるだろう。

この点については、ここでさらに議論せず、私が他のところ［*Knowledge of Language: Its Nature, Origin, and Use.* New York: Praeger, 1986］で立証しようとした結論を繰り返すに止めておこう。すなわち、「言語」を「外在化した」抽象物であるとする誤った概念は、過去において言語学や哲学、心理学の文献の中で多くの混乱と無意味な議論を生んだ。そのような概念は、たとえ一貫性のあるものにすることができるとしても、結局は科学である言語と心理の研究においては何の位置も占めないものである。

ここでは、「言語」をI言語であると理解することにしよう。そうすると、英語は何らかの種類の規則と原理のシステムであり、そのシステムは心／脳に表示されているものである。ある言語の文法はこのシステムについての理論であり、そのシステムは物理世界の実在物であるから、その理論は真か偽かのどちらかである。普遍文法は言語機能の理論である。言語機能は、基本的な点では種に共通であると仮定される生物学的に決定された器官である。ここでわれわれは二つの根本的な問題に直面する。すなわち、個別言語に関する真の理論（文法）を構築することと、普遍文法に関する真の理論を展開することである。講義1で論じたように、ここで生じてくる二つの根本的な問題は、「プラトンの問題」――わずかな証拠しかないのに、どのようにしてわれわれわれはこれほど多くを知ることができるのか——と、「デカルトの問題」すなわち言語使用の創造的な側面、から出てくる問題である。そこで、過去においてこれらの問題がどのように解釈され、研究されてきたのかを見てみよう。

これらの問題に対して与えられた答には、三つの類を区別することができる。第一の答は、約三十年前まで、言語学、心理学、哲学を含む分野で知的風土を支配してきた一般的な見解である。第二の答は、初期の生成文法、すなわちいわゆる「認知革命」の第一段階で与えられたものである。第三の答は、過去二十五年間にゆっくりと形をとり始め、一九八〇年代にやっとその輪郭をいくらか明らかにしてきたものである。プラトンの問題、すなわち人間の知識に関する基本的問題、およびデカルトの問題、つまり人間の行為に関する基本的な問題が、これら三つのアプローチによってどのように扱われるかを考察してみよう。

一世代前には、プラトンの問題に関する標準的な答は、言語は習慣や性向、技能、さらに能力、あるいは習慣のシステムであるというものであった。それは学習したり、教えられたりしたもので、「過剰学習」であるとさえ信じられていた。これは、あらゆる種類の学習や知識の一つの特別な場合に過ぎず、一般的で未分化の「学習機構」が他の分野同様この領域でも適用し、人間の行動すべての基礎となる習慣と技能のシステムを形作る、ということが当然のことと考えられていた。「デカルトの問題」に関しては、それが認識されていたかどうかさえ疑わしいほどの限られた範囲内での話だが、新しい形式は古い形式との類推によって産出されるというのがその答であった。

これらの問題が明確な形で定式化されると直ちに、このような考え方はまったく誤りであることが明らかになった。「類推」の概念は、通常の言語使用に対しては、周辺的な関連性しかもたない。さらに、この問題に関する事実を少しでも考察してみれば、獲得された言語が言語機能自体に帰されるべき基本的特性と原理にもとづいていることが明らかになる。同じことは、人間の知識の他のシステムに関しても言えるように思われる。したがって、言語と心の基本的な問題を扱うためには、根本的に異なった枠組が採用されるべきである。こうした事実の認識と、それらを扱おうとする試みが、時に「認知革命」と呼ばれるものを形作っているのである。だが、注意すべきは、講義1でも述べたように、この「革命」は、長いこと忘れ去られ、ないしは捨て去られていた古典的な洞察を、ある重要な局面で再認識したものであるということである。この新しい枠組によって、われわれはプラトンの問題とデカルトの問題に対して、異なった解答を展開することになるのである。

この新しい枠組では、心／脳は表示を形成し、形式的な操作によってその表示を変更してゆく、一種の計算システムであると見なされる。われわれは、自分たちの周りの世界を心／脳のシステムによって知覚するが、そのシステムは感覚入力を何らかの表示に変え、その表示が心／脳の計算システムに入り、そこで変更を加えられたり再構築されたり、他の表示との関連づけがなされたりする。そのような表示はまた、発話のようなさまざまな活動の選択に関わる「計画」の一部をなす。言語機能をその一部門として含む、特定の定められた生物学的資質が、これらの計算プロセスの一般的性質を決定する。もっとも、他の生物学的システムの場合と同様、その成長は適切な経験に誘発され、ある程度まではこの経験によって形作られる。

言語の場合は、初めて多少とも深く研究されることになったシステムの一つであったわけだが、この線にそって、次のような仮定がなされた。すなわち、言語は言語使用の背後にある表示を形成し、変更を加える規則のシステムであり、言語機能は許容されうる規則のシステムを定義する一種の「フォーマット」を提供するという仮定であった。そうすると、言語獲得は、許容可能なフォーマットに一致するような特定の規則のシステムを心／脳が選択するプロセスであるということになる。この考え方によれば、無限に多くの可能な言語があって、それぞれが許容可能な規則のシステムなのである。心／脳は、何らかの方法でこの無限の配列を探査して、感覚に提示された証拠にもとづき、一つの特定の容認可能な規則のシステムを選択しなければならない。この作業が実行可能なのは、感覚からの証拠に照らして妥当性がチェックできるように、接近可能性に関して特定の順序で、潜在的な規則のシステムが提示されるときのみである。したがって、言語機能は何らかの形式的特性にもとづいて可能な言語を順序づける「評価の尺度」を提供し、もっとも評価値の高い、すなわちもっとも「単純な」言語が最初に候補と見なされると仮定された。そして、もっとも単純でもっとも高く評価された仮説が経験的には妥当でないとして退けられると、心／脳は、リストの中から次の候補を探す。そしてそのプロセスが正しい仮説、すなわち（I言語の意味での）実際の言語、あるいはこの枠組で「正しい文法」と呼ばれていたものに到達するまで、それを繰り返すのである。過去二十年間に発展した数学的な学習理論は、これとかなり似通った考えにもとづいている。

ここでもまた、ある程度の注意が必要である。つまり、この問題に関連して当然のことと見なされているいくつかの前提は、必ずしも真ではないということである。その前提の一つは、「同一性の原理」と呼びうるものである。われわれは、「自然言語」を、可能な人間言語として言語機能が規定する言語の類と定義する。同一性の仮説は、学習可能な言語はまさに言語機能によって許容される言語であるとする。

同一性の仮説は、真であるかもしれないが、必ずしも真であるとは限らない。すなわち、もしそれが真であるなら、それは経験的な発見であり、実際かなり驚くべき発見である。先験的に言えるのは、人間が現実世界の条件の下で獲得することが可能な言語は、（1）普遍文法によって許される自然言語と、（2）学習可能なシステム、という二つの集合の共通部分である、ということだけである。これら二つの集合のうち、どちらかが他方に含まれると仮定する先験的な理由はない。もしある言語が学習可能でないならば、それは単に学習されないだけであり、いかなる人間共同体においても、それが使われているのを見出すことはないであろう。学習可能なシステムが普遍文法の諸条件に合わない場合にも、同じことが言える。その学習可能なシステムは、確かに自然言語の集合に含まれることはないであろう。したがって、本当の問いは、自然言語が学習可能なシステムの集合に含まれているか、つまりすべての自然言語が学習可能かということになる。これもまた真であるかもしれないが、真である必要もない。そしてもし真ならば、これは驚くべき経験的な発見である。実際それはたぶん真であると私は思うが、この問題については知識と行動の根本的な問題に対する第三の段階の答について述べるときに再び取り上げる。

同じような概念上の問いは、知覚の場合にも生じてくることに注意してほしい。言語に関しては構文解析の問題、つまり提示された発話の構造を計算する問題である。言語が解析可能であることは、かなり広い範囲で前提とされている。実際、多くの科学者が仮定しているのは、これが自然言語に深く根ざした特性であり、言語理論は提示されたどの文に対しても構造を付与するような比較的単純な「解析のアルゴリズム」の存在を保証するように設計されねばならないということである。これを「構文解析可能性の原理」と呼ぶことにしよう。

この原理は、言語に関する現代の多くの考え方において、基本的なものと見なされている。これは、言語学や心理学、特に計算言語学で非常に大きな影響力をもち、広く受け入れられている。しかし構文解析可能性の原理は、一般に信じられているのとは逆に、必ずしも真ではない。その理由は、同一性原理に疑問を抱かせたものと基本的には同じである。言語は無限に多くの解析不可能な文を許容する場合でも、完璧に使用可能である。そのような文を話者は発話しないだけである。したがってそれらが聴き手に解析不可能であるという事実は、コミュニケーションを妨げるものではない。

実際、構文解析可能性の原理は、確実に誤りである。自然言語には無限に多くの解析不可能な文が含まれるということは、この三十年以上にわたって周知の事実となっている。たとえば、「自己埋め込み」という形式上の特性をもつ文はその例であるし、いわゆる袋小路文（garden path sentences）――構文解析のシステムによって一貫して誤った解釈を受ける文――も構文解析可能性の原理を反駁するもう一つの類をなしている。また、いかなる言語においても、とても単純で短い適格な文の多くが、知覚のシステムによって解釈不可能であるか、または言語機能の解析システム以外の手段を使って注意と努力を払うことによってのみ解釈可能であることを、容易に示すことができる。したがって、構文解析可能性の原理は、言語理論が満たすべき、ないしは満たすのが望ましい条件として定立することができないことは確かである。それは単に誤りであり、コミュニケーションや言語の使用を妨げることはないからである。そしてこの原理が満たされるという主張に根拠を置く言語理論は、もし実際にこの原理を満たすならば、その基盤が崩れ去るであろう。

言語学、心理言語学、計算言語学、および数理心理学における近年の研究の多くは、構文解析可能性の原理と同一性原理に、暗黙裡にないしは明示的にもとづいている。前者は確実に誤りであり、後者はもし真ならば、原理上の問題としてではなく、言語に関する驚くべき事実によって真なのである。

先の基本的な問いに対する解答の第二の段階に戻ることにしよう。それはいわゆる「認知革命」の開始によって約三十年前に提唱された答である。ここでわれわれは、一般化された学習機構、類推、技能といった概念を捨て、心／脳の「心的器官」の一つである言語機能が特定の類の言語、すなわち何らかの種類の規則のシステムを容認し、提示された資料にもとづいてこれらのシステムの中から一つを選択することが可能であるような評価の尺度があると仮定する。いったんシステムが選択されると、その規則のシステムは心的表示を作り出し、それが通常の言語使用を支えるものとなる。その規則のシステムは、広範な、実際には無限の領域にわたる文に構造を付与し、われわれの経験において、またはその言語の歴史全体から見てもまったく新しい文を、われわれが理解し使用することを可能にする。それらの文は、同じ規則のシステムによって生成されたという点を除いて、以前の形式と「類似」している点のまったくない文である。このこともまた、言語の奇妙な特性なのではなく、むしろ日常の使用において普通に見られることである。

講義1では、習慣、技能、類推にもとづく言語の概念は、まったく非生産的だと述べた。実際に行われた言語の研究は、提唱されている原理からあらゆる点で隔たっており、これらの原理が真剣に取り上げられた限りにおいては――部分的には真剣に取り上げられたのだが――研究の範囲と深さにおいてひどく貧弱なものであった。特に、音韻論や形態論といった言語の基本的な下位体系に関心が限定されていたのだが、それらでさえも非常に制限され、しばしば非常に誤解を招きやすい方法で研究がなされた。統語論や意味論の重要な問題はもとより、音韻論や形態論の基本的な問題でさえも、まったく取り上げられなかった。しかし、規則のシステムと生成文法へ見方が移行するにつれて、状況は根本的に変化した。言語のまったく新しい領域が探究されることになったからである。多くの新しく、かつ驚くべき現象が次々と発見され、そのうちのいくつかは提案された規則のシステムにもとづいてかなりうまく説明された。

しかし、間もなくその努力も非常に重大な問題に直面していることが明らかになった。その問題とは、次のようなものである。世界中の自然言語の現象を説明するためには、かなり複雑な規則のシステムが必要とされる。しかし、普遍文法がこのように複雑な規則のシステムを許すなら、可能な規則のシステムがあまりに多くありすぎるということになり、それではプラトンの問題に効果的に取り組むことが依然として不可能である。同様に、達成される説明も本当に深いものにはなりえなかった。たとえ適切な規則のシステムが考案できたとしても、またそれらのシステムのタイプが限定されていることが分かったとしても、われわれは常に、なぜこれらの種類の規則があって、他のものがないのかを知りたいと思うであろう。

たとえば、言語には動詞の直接目的語が目的語として解釈されながら、主語として機能することを許す規則が決まって存在する。受身構文はその例である。だが、それと逆の特性は存在しない。単にその事実を一つの規則のシステムの中で述べるだけではなく、なぜそうなのかを発見することが重要なのである。あるいは、疑問表現を二つ含む文を考えてみよう。たとえば、抽象化された基底形式がI wonder［to fix which car how］のような文である。日本語では抽象的な基底形式が何ら特別な変化を受けずに直接に実現するが、英語では疑問表現が節の前に移動しなければならない。そうすると、可能性としてI wonder［to fix which car how］という基底形に対応する表現は二つあることになる［これはI wonder［John fixed which car how］という基底形についても同様］。つまり、which carを主節の頭に移動し、howを埋め込まれた節の頭に移動するか、逆にhowを主節の頭に移動し、which carを埋め込まれた節の頭に移動するかである。つまり、右の基底形は意味が異なる二つの文、which car do I wonder how to fixとhow do I wonder which car to fixとなる可能性がある。しかしながら、実際には二つ目の文をこのように派生することはできない。二つ目の文の意味は、I wonder which car to fix in what wayではなく、むしろin what way do I wonder which car to fixだけだからである。これはまったく異なる基底形をもち、ここで意図されているようにhowがfixと結びつくのではなく、主動詞wonderと結びついている。同じようなことは日本語にも言えるが、要点はもっと捉えにくくなる。言語によって抽象的な基底形は多くの異なった仕方で表現されるのだが、上の点は普遍的に成り立つように思われる。これらの事実を十分に複雑な規則のシステムで記述することは可能であろう。しかしなぜそうなのかという決定的な問いを扱うことはできない。同様に、子供はそれに対応する経験がなくても、事実がそのようなものであることをどのように知るのか、というプラトンの問題に取り組むこともできない。もし規則のシステムがこれらの事実を表現するほど複雑ならば、心／脳が扱うべき規則体系の数は余りに多くなってしまい、入手できる情報にもとづいて正しいものを選ぶことは決してできなくなるだろう。

あるいは、使役構文を考えてもよい。使役構文のもっとも深い抽象的な形式は、実際すべての人間言語に共通のものであろうが、そこではこの構文は二つの節からなっている。主節には使役の要素、その主語、および節の形をとる目的語が含まれ、従属節はどのようなできごとが引き起こされるのかを表現した命題である。たとえば、英語の使役構文I made him leaveにおいて、使役の要素は動詞makeで、その主語はIであり、目的語は縮約された命題のhim leaveで、それはHe leavesという完全な文に対応する埋め込み形式である。この文の意味は、私があるできごと、すなわち彼が去るということを引き起こしたということである。言語によって、この抽象的な使役構文がどのように具現化されるかは異なっている。英語ではJohn made him leaveという文におけるように、非常に直接的に具現化される。注意してほしいのは、ここではleaveの主語のhimは、ある面で使役動詞makeの目的語であるかのように扱われている点である。つまり、それは主語ではなく、目的語の通常の格である対格を受けている。そうすると、抽象的な意味において、結果として生じている文は、表層ではI made-leave himという形をもち、make-leaveはhimを目的語とする複合動詞なのである。

他の言語では、この過程は一層明らかである。ロマンス諸語では、目的語である埋め込み文の動詞 leave は、I made leave him のような構造になるように、節の前へ移動しなければならない。さらに、隣接する二つの動詞、made と leave が、実際に made-leave という一種の複合動詞を形成していることを、他の証拠が示している。日本語では使役の要素は、単語ではなく、接辞の「させ」であって、埋め込まれた動詞はそれと結びついて、cause to leave という意味の複合動詞を形成する。その結果、I him leave-cause のような文になる。これらすべての場合において、同じようなことが起こっている。抽象的な二つの節からなる形式が、二つの基底動詞からなる複合動詞をもつ単一節の形式に変換される。それぞれの言語のために特定の規則のシステムを構築することは可能だが、それでは明らかに何か重要なことが見逃されてしまう。

使役構文をさらに深く見てみると、もっと多くのことが見逃されていることが分かる。ここで problems CAUSE governments lie という抽象的な基底形を考えてみよう。これは、「いろいろな問題が政府に嘘をつかせる」という意味である。CAUSE は、英語のように一つの単語であっても、日本語のように接辞であってもよい。ここでは、日本語のようにその形式が接辞の言語を考えてみよう。そのような言語では、語彙的な特異性はあるかもしれないが、普遍文法により、典型的にはこの抽象的な形式がproblems lie-CAUSE governmentsという形の実際の文に具現化される。しかしここで、problems CAUSE［governments lie］という抽象的な形式の代わりに、「政府が嘘をつくという事実が問題を引き起こす」という意味の［governments lie］CAUSE problemsという別の抽象的な形式を考えてみよう。ここで埋め込まれている節は、抽象的な動詞CAUSEの目的語ではなく、主語である。しかしどの言語においても、この抽象形が「政府が嘘をつくという事実が問題を引き起こす」という意味でgovernments lie-CAUSE problemsとして具現化することは許されない。使役構文の形成には、主語・目的語の基本的な非対称性が存在するのである。ここでもやはり、言語のこの普遍的な特性を、個別言語の個別的な規則のシステムで表現することはできるかもしれないが、基本的な原理は表現されないままである。さまざまな言語の規則のシステムは、多様で複雑なものになり、プラトンの問題を扱おうとする努力が損なわれてしまう。

この種の主語・目的語の非対称性は、言語に非常に多く見られ、多くの異なった領域に影響を及ぼしている。それは次のような事実を部分的に反映している。すなわち、自然言語では主語－動詞－目的語の文は、論理分析ではなじみのある二項関係として扱われているのではなく、より伝統的なアリストテレス論理学や近代以前の普遍文法におけるように、主語・述語の構造として扱われているという事実である。その述語は複合的なものであってもよい。この非対称性は、言語構造のより深い原理にその一部は由来するものである。そこには言語機能の計算において、ある要素を一つの位置から別の位置へ移動する可能性とも関わる。すなわち、他の多くの構造に適用される非常に一般的な原理により、使役動詞の目的語がとる動詞は、使役動詞に付加して一つの形式を作ることが許されるが、使役動詞の主語がとる動詞にはそれが許されないということである。この種の問題は数多く存在し、規則のシステムにもとづくアプローチでは、かなり表面的な方法による解決は別として、それらは未解決のままにされてきた。別の見地から見ると、あまりに多くの可能な規則のシステムがありすぎて、われわれの考えているプラトンの問題に対して、説得力のある答に達することができなかったのである。

これらの事実は、過去二十五年間の研究プログラムの中心において認識されてきた。進むべき自然な方向は、規則を捨てて一般原理を取り入れ、なぜある規則が選ばれて別の規則が選ばれないのか、という疑問がまったく生じてこないようにすることである。すなわち、疑問文や関係節を形成する規則や、句構造規則、さらに使役などのように文法機能を変える規則が存在しなければ、なぜ特定の規則があって、他の規則がないのかという疑問は生じてこない。文というものがある意味で（I）言語から「投射された」にすぎないのと同様に、規則というものが単なる随伴現象にすぎないことがますます明らかになってきた。しかし文は心的表示に存在し、行動に具現化されるが、通常の形式の規則が存在すると信じる理由はまったくないのである。規則というものは、言語理論において何の位置も占めないし、心的表示の一部をなしたり、心的計算に介入してくることもない。したがって、規則を捨て去っても差し支えないと思われる。特に、句構造規則のようなものは、まったく余剰的なものであり、完全に排除してしまえるように思われる。残るのは、普遍文法の一般原理である。個別言語の文法は、一般原理とは別に規則をもつべきではない。

語彙的な多様性を除いて、可能な人間言語がただ一つしかないとすると、われわれの考えているプラトンの問題に対して、一つの単純な答が得られることになる。すなわち、普遍文法は語彙部門を別にして、ただ一つの具現化しか許さない。そしてこれは、人々が適切な語彙項目を何らかの方法で経験を通じて獲得したときに知るようになる言語である。しかし言語の多様性が明らかにそれよりは大きいことから見ても、これが話のすべてであると言うわけにはゆかない。だが右の考え方は、従来考えられていたよりは、はるかに真実に近いものであろう。英語やスペイン語のような言語では、動詞と前置詞は目的語の前に来るし、同じことは形容詞や名詞についても言える。see John、to John、proud of John、sight of John のような表現である。ここでの of という要素は格標識にすぎず、本当の前置詞ではない。名詞、動詞、形容詞、前置詞（より一般的には前・後置詞）の範疇は語彙範疇である。それらの語彙範疇を主要部とする句の種類は、普遍文法の一般原理によって決定される。語彙記載項目自体がこれら主要部の補部の数と範疇、およびその意味役割を決定し、句構造の一般原理が限られた範囲で他の可能性を決定する。句構造規則はまったく必要とされないのである。

しかし普遍文法の原理では決定されないまま残る選択肢がある。英語やスペイン語は主要部を必ずその補部の前に置くという選択をする。これらの言語は「主要部パラメータ」がもつ「主要部が先」の値を選んでいるということができる。これと対照的に、日本語では動詞、後置詞、形容詞、名詞は、補部の後にくる。これら二つの言語群における句構造の範囲は、非常に似通っており、普遍文法のかなり一般的な原理と一致する。しかし、これらの言語は主要部パラメータの選択において決定的に異なっている。すなわち、言語はこのパラメータに関して「主要部が先」か「主要部が後」かのどちらかの値を選ぶことができるのである。これは実際は、もっとも単純な場合にすぎず、他にも非常に限られた範囲ではあるが、選択肢がある。しかしこれらのさらに複雑な点はここでは扱わない。

主要部パラメータについてのもっとも重要な事実は、その値が非常に単純なデータによって決定できるという点である。このことがすべてのパラメータについても言えると信じるに足る理由がある。ここで扱うべきは、話者の知識には、与えられた証拠によって決定されないものが非常に多く、その知識の多くは直接の証拠にはまったく依存していないという、極めて重要な、しかも容易に示すことのできる事実である。講義1で論じたwho did John expect to visit himのような文における変項としての空範疇は、この広く見られる現象を非常にはっきり示す例である。これらは従来の研究ではほとんど無視されていた。たとえば、物理的に顕在していない要素の位置とそのさまざまな特性については、「子供に」直接の証拠は何も与えられない。この「刺激の欠乏」の問題が、実際は例外ではなく、むしろ典型的なものであることは、ほとんど疑う余地がない。そうすると、パラメータの値は、子供が接することができるような単純な種類のデータによって固定されるはずである。そしてそこから生じてくる知識のシステムは、豊かで複雑で高度に精密化されており、多少は異なるものの、等しく不十分な経験しかもたない他の人々と多くが共有されている。そしてその基本的な特性は言語機能の初期状態の原理によって決定されるはずである。言語は「互いに」異なっているように見えるかもしれないが、同じ鋳型に流し込まれているのである。有機体を扱う生物学とのアナロジーを考えてもよい。一見したところ、生命の生物化学は、イースト菌からヒトに至るまで、非常に似通っているようだが、細胞などの調整機構におけるタイミングの小さな変化が、クジラとチョウ、ヒトと細菌等のようなとてつもなく大きな現象の差を生み出すことができるのである。可能ではあるが実在しない他の世界をも考慮に入れて天使の目から見れば、地球上のすべての生物は、些細な点を除いては同じに見えるかもしれない。同様に、天使の目から見れば、すべての言語は些細な点を除いては同じに見えるであろう。その基本的な特性は人間生物学の諸事実によって決定されるのである。

言語自体（ここで言語というのは今までのようにI言語の意味だが）は、普遍文法によって許される選択肢に応じて、さまざまなパラメータに関する一連の選択がなされた結果に他ならないと見なすことができる。パラメータの数は有限であり、その各々は有限個（おそらくは二価）の値しかもたないので、語彙部門を別にすると、可能な言語の数は有限であることになる。そうすると、自然言語の形式的諸特性に関する問題は、大部分が的外れなものだということがすぐに分かる。有限個の集合に関して、数学的な興味から挙げるべき問題はほとんどない。ここで注意してほしいのは、私が先に論じた同一性の原理は、経験的事実の問題としては正しいかもしれないということがここに至って分かることである。もし個々の言語が、単に一連の有限個のパラメータ値の固定に関わる一つの選択であり、各パラメータの値が単純なデータにもとづいて固定されるのであれば、自然言語はすべて学習可能な言語であるということになるであろう。これは驚くべき、かつ興味ある経験的発見である。

ここで一つの注意すべき事項がある。それは今論じているのは、「中核言語」と呼ぶものであり、不規則動詞、イディオムなどのように有標で特別に学習される例外的な「周辺部」とは区別されるものであるということである。これら［周辺部の事象］は、もちろんそのタイプが厳しく制約されているであろうが、時間と記憶の制約を離れては、おそらく限りなく多様なものであろう。パラメータ群への一連の［選択された］値に他ならないのは、中核言語なのである。もちろん中核と周辺部の区別は実在の世界での区別であり、便宜上の問題、ないしは実用上の選択の問題ではないと私は仮定している。ただし、化学や自然科学の他の分野の諸原理においてそうであるような［つまり、実在の世界を対象としていても当の区別が実用上の選択の問題として働く］範囲のことは別にしての話であるが、それを考察することは［実在に関わるか否かという］ここでの議論には無関係である。理由を挙げるまでもなく、先の議論の観点から見ると、周辺部は言語学が目指している基本的な心理学的・生物学的問題に対しては、［中核部に比べて］興味の度合いがずっと低いので、ここでは取り上げないことにする。

中核部に限ってみると、可能な言語は有限個である。人がある言語を話し理解するとき、その人が知っているのは語彙とパラメータのある一連の値、すなわちI言語である。パラメータの値が指定され、語彙項目が獲得されると、システム全体が機能し、広範な表現群に対して正確で明示的な方法で特定の位置づけが与えられる。それは、その言語の歴史において一度も耳にされたこともなければ発せられたこともない表現にさえも与えられる。他の人々がわれわれの言ったことを理解するのは、その人たちも同じ生物的資質をもち、単純な発話について十分に似通った経験をしているからである。

プラトンの問題に戻ると、言語は単純なデータにもとづいて初期状態のパラメータ値を固定することによって獲得され、そうして知識のシステムが心／脳に表示されて機能する準備が整う。ただし脳の損傷などによってそれを使う能力を欠いている人の場合には機能しないかもしれない。構文解析の問題に関しては、おそらく次のような線にそって解明されるべきであろう。聴き手が単語を同定し、それらの語彙特性にもとづいて統語構造を投射する。その構造は普遍文法の原理とパラメータの値によって決定される。そこに現れる空範疇も含めて、これらの要素間の関係と結びつきは、おそらくパラメータ化されている普遍文法の他の諸原理によって決定される。たとえば、I wonder who John expects to visit him という文が与えられると、英語話者の心［的機構］は自動的に空範疇を含んだ構造を付与する。その結果、心が実際に「見る」のは、I wonder for which person X, John expects X to visit him のようなものである。心［的機構］は普遍文法の原理を適用することによって、himがJohnを指示できることを決定する。それは、John expects Bill to visit himという文でhimがJohnを指示できるのと同じである。これとは対照的に、外見的には同じような文John expects to visit himでは――この場合I wonder who ――の中に埋め込まれていない――、普遍文法の原理は、visitには変項の主語を導入せず、心〔的機構〕はhimがJohnを指示できないと決定する。それはJohn visits himという文でhimがJohnを指示できないのと同じである。これらのことはすべて、無意識下で起こり、内省できる可能性もまったくない。そのどの部分もパラメータ値の固定を別にして学習される必要はなく、したがって直接の証拠なしに知ることができ、実際知られているのである。同じような特性はすべての言語において、たとえそれらが形式構造上どんなに違っているように見えても、成立しているのである。

規則のシステムを捨てて原理とパラメータのアプローチを採用することによって、非常に生産的な結果が生み出されてきた。このアプローチは、過去二十五年間に徐々に発展してきたが、十分に理解されるようになってきたのは、過去わずか五、六年のことである。それは再び、対象となる経験的事実の範囲を飛躍的に拡大させるものとなった。研究の進んでいる諸言語においてはまったく新しい経験的事実が発見され、類型的に非常に異なるさまざまな言語が基本的に同じ枠組に組み込まれるようになった。さらに、ある特定の規則によって記述されるプロセスが存在するのに、他の規則によって記述されるプロセスがなぜ存在しないのかということを説明することが可能になり、説明の深さも格段に進歩した。現在研究されている諸原理は、異なったタイプの言語に関して、非常に鋭くかつ驚くべき予測をするものである。そうした予測は正しいことが証明される場合もあるし、間違っていることが非常に示唆に富む形で示される場合もある。われわれは今、言語研究の、根本的に新しくかつ高度に生産的な段階の始まりに立っていると言えよう。

原理とパラメータのアプローチは、類型論と比較歴史言語学の諸問題にも、かなり新しい考え方をもたらすものである。ここでまた、生物の種の形成とのアナロジーを考えてみよう。定められた細胞機構の機能の仕方に非常に小さな変化が起こっても、非常に大きな現象上の差異を生み出し、その結果非常に異なった有機体の種が生じることがある。一般に、精密に構造化された複雑なシステムでは、その機能に小さな変化が起こると、その影響がシステム全体に浸透し、非常に複雑で驚くべき一群の変化が生じる場合がある。言語の場合にも、一つのパラメータ値が変化し、その変化の影響が普遍文法の不変のシステムに浸透してゆくにつれて、表面上は無関係に見える一群の差異を生む場合がある。このようなことが言語にも当てはまると信じる理由がある。たとえば、ロマンス諸言語の中で、フランス語は興味をひく位置を占めている。それは他のロマンス諸言語とは一連の特性に関して異なっており、これらの差は、比較的最近、大体同じ時期に生じたと考えられる。これは、一つのパラメータ値が変化し、普遍文法の諸原理の機械的な作用を通じて一群の修正が行われ、フランス語にゲルマン系の言語のような様相を与えたのである。同時にまた、フランス語とスペイン語は、イタリア語とは区別される特性を共有している。また実際の言語、あるいは「方言」と呼ばれるものを見てみると、他にも数多くの複雑な面がある。同様に、歴史的な関係の知られていない言語の間にも非常に驚くべき類似性が見られる。これはそれらの言語が決定的に重要なパラメータ値を同じように固定したということを示唆している。このような問題は本質的に新しいものであり、現在初めて厳密に定式化され、おそらくは取り組むことができるようになってきたものである。

ごく最近の研究で関心を集めている問題の一つは、英語と日本語の差に関するものである。その違いのいくつかについてはすでに言及した。すなわち、主要部パラメータの値の差、また疑問詞が英語のように明示的に移動するか、日本語のように元の位置に止まったままなのかということに関するパラメータ値の差についてである（日本語でも他の証拠によれば、抽象的な心的表示においては、疑問詞が移動すると示唆されている）。しかし英語と日本語の違いは他にもある。たとえば、日本語には英語には現れるthe、aのような冠詞がない。福井直樹は最近の研究で、日本語には英語に現れる冠詞、屈折要素、補文標識などを含む、すべての非語彙範疇がないと主張している。彼はまた、独自に開発し根拠づけた句構造に関する一般原理を採用すると、英語と日本語を区別している他の多くの特性が右の仮定からどのように導き出されるかということも示している。これは非常に興味をひかれる研究であり、そのような研究が今やっと研究課題の一部になり始めたのである。

ここまでの議論は、語彙項目が何らかの方法で獲得され、使用可能であるという仮定にもとづいていた。私が提案したのは、パラメータ値の固定を除いては、言語獲得および構文解析、さらにおそらくは言語の創造的な使用（このことについて何かを理解できるようになったとしての話だが、その可能性は低い）は、広い範囲にわたって語彙部門の特性によって決定されるということであった。この点は本質的には正しいと思われるが、講義1で論じたように、語彙項目の獲得はプラトンの問題を非常に鋭い形で示すものであり、語彙部門の概念上の資質は、その大部分が言語機能によって決められており、ほんのいくつかの些細な変異だけが許されるということをここでも仮定しなければならない。同じことは、語彙部門の音声的側面についても言える。これまで簡単に輪郭を示したアプローチは、極めて一般的な適用の可能性をもつものと思われる。

言語に関する考え方が時代と共に変化したのと同様に、「真の結果」と見なせるものに対する考え方も変化した。ある言語における一連の現象があると仮定しよう。構造記述言語学の時代には、結果というものはデータを役立つように整理することにあった。ゼリグ・ハリス（Zellig Harris）が構造言語学の重要な理論的研究の中で述べているように、文法はデータ集成の中の現象に簡潔な一対一の表示を与えるものなのである。ローマン・ヤーコブソン（Roman Jakobson）などいく人かの人々は、特に音韻論において特定の一般法則への準拠の概念を立てることにより、さらに前進したものの、それは非常に限られた範囲においてであった。

言語を規則のシステムとして捉えた場合には、これらはもはや重要な結果とは見なされないであろう。そのような記述は、手元にある問題を解決するというより、むしろ問題を提起することになる。データを役立つように整理することによって提起された問題を解決するためには、許容される式型をもち、当該のデータおよび他の無限に多くのデータを予測できるような規則のシステムを作り出すことが必要になるであろう。そのような規則のシステムはたくさんあるが、許容される式型があまりに制限の厳しいものでなければ、努力によってそれを満たすようなシステムを見出すことが往々にして可能である。

より最近の原理とパラメータのアプローチの下では、作業はさらに困難になる。規則のシステムは単なる記述にすぎない。それは問題を解決するというよりもむしろ問題を提起する。そして「真の結果」は、研究の対象となっている現象や他の数限りない現象が、固定された不変の原理システムの中でパラメータの値を適切に選択することによって説明されることを示すことにある。これははるかに難しい問題である。それは、［互いに］大きく異なっているさまざまな言語の経験的資料が非常に増大し、それらの一部が理解されるようになってきたことにより、一層難しくなっている。しかし何らかの一般理論がその説明の責任を負わねばならない。この問題の解決が可能なものについては、真に深い結果が得られており、その深さは以前に想像しえた程度をはるかに越えている。現在、その問題が理解可能な形で定式化できるようになり、興味深い範囲にわたって解決案が生み出されていることは、重要な事実である。他方では、この研究を追及する努力によって、広範な言語において、従来研究されたことのなかった大量の新たな現象が明らかになり、以前には知られていなかったような新たな挑戦を引き出している。

前途には非常に興味をひかれる眺望が広がっており、この［分野の］専門的な研究が、人間の心と人間の行動に関する一般的研究に対して多くの示唆を与えると信じるに足る理由があると、私には思われる。

講義3　言語の性質、使用、および獲得について

約三十年にわたって、言語の研究、より正確に言うと言語研究の実質的な一部門は、言語学を心理学、究極的には人間生物学の一部と考える枠組の中で行われてきた。このアプローチは、西洋思想において何千年にもわたって中心的な問題とされてきたいくつかの関心事を、言語研究に再び導入する試みであった。それらの関心事とは、西洋思想ばかりではなく、他の伝統にも深く根ざしているもので、特に知識の性質と起源に関する問題である。このアプローチはまた、言語研究を自然科学の本体に同化させようとするものでもある。第一にそれは、自然科学にはまったく無縁で、理性的な探究に何の関わりもないドグマを捨て去ることを意味した。たとえば、行動主義の学説のいくつかに見られるように、可能な理論の構築に先験的な制限を課そうとする、自然科学ではまったく不合理なものとして退けられるような考え方である。また、上述のアプロー

チは、メンタリズムを率直に固守することを意味する。メンタリズムは、心について語ることを、抽象的なレベルで脳について語ることであると解する。このレベルでは、もし示そうとするなら、観察と実験にもとづいて、言語や他の現象について洞察に富んだ説明を与えるような原理を定式化することが可能である。この意味でのメンタリズムには神秘主義の片鱗もないし、自己の存在を正当化する必要もない。むしろ、メンタリズムは、自然科学の標準的な方法に厳密に合致するものであり、この特定の領域に適用された自然科学のアプローチそのものに他ならない。

われわれの研究は、十分に根拠づけられた次のような経験的仮説から出発する。心/脳には言語の使用と獲得を担うある特定の機能がある。それは基本的な点で［ヒトという］種に固有のものであり、そのメンバーに共通の資質である独自の特性をもつ。つまり、真に種の特性となっているものである。

このような考え方は、心理学において「認知革命」と呼ばれるものの中で形成され、実際認知革命の発展における主要な動因となってきた。この「革命」が、まさに何の達成を求め、なぜそれが行われ、これらの問題に関わる以前の考え方とどのような関係にあるのかを、はっきりと理解することが重要である。いわゆる「認知革命」は、思考、立案、知覚、学習、行為を支える心/脳の状態に関わるものである。心/脳は情報処理のシステムと考えられる。それは抽象的な表示を形成し、それらを使用し変更を加える計算を行う。このアプローチは、行動の形成と統制についての研究とはっきりと対比される。後者においては、行動に関わる心／脳の状態の考察を組織的に避けて、刺激となる状況、強化に伴って生じるいろいろな要因、および行動との間に直接的な関係を確立しようとした。こうした行動主義のアプローチは、私の考えではほとんど完全に不毛なものであったが、そのことはまさに驚くべきことではない。なぜなら、そこではすべての行動にとって主要で不可欠な構成要素である心／脳の状態を考察することが原則的に拒絶されていたからである。

学習の問題を考えてみよう。ある特定の状態ないしは形態の心／脳を備えた生命体がいるとする。その生命体に、ある知覚的な入力を提示すると、その結果、心／脳の状態が変化する。このプロセスが学習のプロセス、あるいはおそらくもっと正確に言うと、心的かつ認知的成長である。このプロセスの結果、新たな状態に達すると、この生命体は特定の行動をする。それは部分的にはそれまで得られた心／脳の状態に影響された行動である。もっとも、このことに関しては、さらに多くのことを述べる必要がある。それは非常に重要なトピックであるが、ここでは取り上げる時間はない。心／脳の状態の変化を導いた知覚的な入力と、その生命体によって為された行動との間には、何の直接的な関係もない。ただし、高度に人工的で、何の知見も得られそうにない、非常に周辺的な条件の下では、何らかの関係が見られるかもしれない。

感覚的刺激と行動との間には、もちろん何らかの関係が存在する。日本語のデータを与えられたことのない子供は、日本語を話すという行動はできないであろう。日本語から適切なデータが提示されると、子供の心／脳はある特徴的な変化を受ける。心／脳はそれ自体の中に日本語の知識を組み込むようになり、それによって子供は日本語を話し理解することが可能になる。しかし子供に与えられたデータと子供が話すこととの間には、直接の関係はまったくない。日本語の知識の獲得を引き起こす感覚からのデータにもとづいて、子供が何を言おうとするかを予測しようとするのは、確率上の問題と考えてみても不可能であり、実際間違ってさえいる。感覚からのデータによって心／脳の状態が変化を受けるプロセスは研究することができるし、獲得された知識がどのように使われるかに関して、少なくとも何らかの側面を研究することはできる。しかし心／脳の性質という決定的に重要な問題およびそれが受ける変化には触れずに、感覚的データと実際の行動との関係を研究しようとする試みは有効なものではなく、失敗に終る運命にあることは心理学の歴史が非常によく示しているとおりである。認知革命は、部分的にはこのような事実の認識にもとづいており、本来は論争の的となるはずもない結論を導き出している。しかし実際には、その結論が論争の的になると考えられており、そのことは、この分野の未熟さを示しているように思われる。言語学をも含めた心理学の研究において起こったこのような展望の変化は、本質において確かに正当なものであり、実際には遅すぎるものであった。

この展望の変化は遅すぎたばかりでなく、多くの人が思っていたほど革命的だったわけでもない。実際、新しい展望は何世紀も前に、意識されることなく非常に広い範囲で発展していた概念を復活させるものであった。特に十七世紀の科学は、非常に豊かで、私見では基本的に正しい線にそった認知心理学の一形態を発展させた。デカルトの主要な科学上の功績は、知覚が対象物の形態を何らかの方法で脳に焼きつけるプロセスであるという、新スコラ派の概念を破棄したことにあったと思われる。新スコラ派の概念とは、たとえば立方体を見た場合には、脳に実際の立方体が何らかの方法で焼きつけられるというものである。このような誤った概念の代わりに、デカルトは心の表示理論を提案した。彼は杖をもった盲人の例を考察した。その人が自分の前の物体、たとえば立方体のさまざまな部分に杖を使って連続的に触れるとする。この連続した触覚による入力によって、この盲人は心／脳に立方体のイメージを構築するのだが、立方体の形態はその人の心／脳に焼きつけられはしない。むしろ、この一続きの触覚による入力によって、心／脳がそれ自身の方策と構造的な原理を使って、立方体の心的表示を構築するのである。デカルトは通常の視覚に関しても、大体同じことが言えると論じた。一連のパターン化された刺激が網膜に届き、心／脳は外部世界の対象物の心象を提供するような概念を形成する。次に心／脳は、その人がこれらの対象物について考えるのに応じて、さまざまな計算のプロセスを遂行する。そこには、その人がそれらの対象物に関わる何らかの行動ができるようにするプロセスも含まれる。たとえばその立方体を手にとって回してみたりすることなどである。これは確かに適正な一般的アプローチである。それは近年の心理学や生理学で復活し、現在までにそのプロセスがどのように行われるかに関しても、多くのことが分かってきている。そこには刺激の記号化と表示に関与する物理的機構についての知見もいくらかは含まれる。

デカルトはまた、次のようなことにも注目した。三角形のような何らかの図形が、ある人に提示されたとする。すると、提示された像は明らかにユークリッドの三角形ではなく、はるかに複雑な形である。それにもかかわらず、その人が知覚するのは三角形なのである。デカルトの論じたところによると、このことは被験者が幾何学的図形に接したことのない子供である場合にも当てはまる。ある意味で、論点は明らかである。なぜならば、真の幾何学的図形は、われわれが育ち生活している自然の環境には存在しないからである。それにもかかわらず、ある図形が実際には何であるにせよ、そのままの図形として捉えられるのではなく、幾何学的図形のゆがんだものとして知覚される。子供は、線の一つが少し曲がっていたり、二つの側面が完全に接触していなかったりするのに、なぜそれを実際の非常に複雑な図形としてではなく、三角形として知覚するのだろうか。デカルトは、ユークリッドの三角形はこの刺激に際して、心によって生み出されるものであるからだと答えている。なぜなら、心の機構はユークリッド幾何学の原理にもとづいており、これらの幾何学的図形を知覚の組織化と学習のための範型もしくはモデルとして生み出し、その際その図形は心自体の方策と構造的原理から導き出されているからである。

それとは対照的に、デイビッド・ヒュームのような経験主義者たちは、われわれは現実の世界で三角形や直線といった対象物の完全なイメージを提示されたことがないので、そのような概念はまったくもっていないと論じた。ヒュームは、彼が採用し展開させた経験主義的原理から当然出て然るべき結論を導き出している。特に、心は外部世界から印象を受け、それにもとづいて連合を形成するということ、そして他のいかなるものもここには関与しないということである。しかしヒュームの仮定から当然の帰結として導き出されるこの結論は、明らかに誤りである。彼の主張とは反対に、われわれは実際に三角形や直線に関するはっきりした概念をもっており、まさにデカルトが論じたように、これらの概念にもとづいて世界の対象物を知覚している。そうすると、経験論の仮定は経験的事実としては基本的に誤りであり、われわれがどのように知覚するか、および何を知覚するかを決定するのに心／脳の特性が重大な関わりをもつという結論になる。ここで決定的なのは、デカルトのような心的表示理論に訴えねばならないことである。そこには、表示を計算し、形成し、変更を加える情報処理システムとしての心の概念も含まれる。われわれはまた生得的概念というデカルトの概念のようなものも受け入れなければならない。それは生物学的に決定された心／脳の特性であり、心的表示の構築に枠組を与え、その枠組はその後、知覚と行為に関与する。このような考え方は先の世代の認知革命を背景として復活したもので、既に述べたように、それに関わる心理的仮定や生理的メカニズムについてさえも、多くのことが分かってきている。たとえば線の検出のメカニズムなどがその例である。

十七世紀の心理学者のことをわれわれは「哲学者」と呼んでいるが、彼らは今述べた考察よりもずっと先を行っていた。はるか後の今世紀になって、同じような考え方が再発見されて「ゲシュタルト心理学」と呼ばれるようになったが、彼らはそれをかなり豊かな形で発展させていたのである。その十七世紀の思想家たちは、われわれが周りのものを構造的な特性にもとづいてどのように知覚するのか、つまり対象物と関係、原因と結果、全体と部分、対称性、比率、対象物が果たす機能やそれらが使われる特定の用法などに関する概念にもとづいてどのように知覚するのかについて、かなり妥当と思われる思索を巡らせていた。われわれがこのように周囲の世界を知覚するのは、組織化しようとする心の活動の結果であり、それは心の生得的構造と、心に新しいより豊かな形をもたらす経験にもとづいていると彼らは論じた。十七世紀の哲学者ラルフ・カドワース（Ralph Cudworth）はこのような考えを発展させ、「自然という書物は、知的な目にしか読むことができない」と論じた。このような思索もまた正しい方向にあると思われる。これらの考えは現代の心理学において、部分的には認知革命を背景として再発見され、発展してきたものである。

現代の認知革命は、近代の科学、数学、工学の影響を多大に受けている。計算の数学理論は、特に一九二〇、三〇年代に発達したが、それによって心的表示に関する概念上の道具立てが与えられ、心理学の古典的諸問題、特に言語の問題と真剣に取り組むことが可能になった。ウィルヘルム・フォン・フンボルト（Wilhelm von Humboldt）は、一世紀半も前に、彼の言い方によると、言語は有限の手段を用いて無限の使用を行うシステムであることを認識していた。しかし彼はこの正当な考えを明確に説明したり、言語の実質的な研究の基盤として使うことはできなかった。ずっと後になって発展した概念上の道具立てによってわれわれはこの限界を越えて、有限の手段による無限の使用をかなり明確に、そして理解力をもって研究することが可能になった。現代の生成文法は、部分的には現代論理学と数学の概念上の道具立てと、言語は有限の手段によって無限の使用を行うシステムであるという［当時としては］仕方なく曖昧のまま定式化されずにいた伝統的な考え方とが融合した結果であると考えることができる。ある言語の生成文法とは、心／脳にとって利用可能なこれらの有限の手段が何であるかを明示的に述べる形式的なシステムであり、心／脳はそれらの手段を無限に際限なく使うことができる。不幸なことに、言語と心的表示に関する心理学をめぐるこの古典的な考え方は、一九五〇年代に認知革命が起こったときには既に長い間忘れ去られていた。私が今述べたような関連が発見されたのはずっと後のことであり、現在でも広く知られるには至っていない。

コンピュータの発達もまた認知革命に大きな影響を与えた。それは主に内的表示、モデュラー構造、ソフトウェアとハードウェアの区別といった有用な概念を提供し、また少なくとも視覚などの分野においては、正確さを検証したり精度を上げたりできる認知プロセスの明示的なモデルを開発することが可能になった。大体同じようなことが十七世紀の認知革命にも当てはまることは注目に値する。デカルト派の人々は、当時熟練した職人たちによって作られていた機械的な自動装置に強く印象づけられた。それは生物の行動の諸側面を模倣するものであるように思われた。これらの自動装置は、現代のコンピュータが現代の認知革命に貢献したのと同じような仕方で、デカルト派の人々の科学的な想像力への刺激となったのである。

このような十七世紀の概念のいくつかは、現在再発見され、非常に新しい様式で発展しつつあるのだが、その起源ははるか昔にある。おそらく世界で最初の心理学の実験は、プラトンの対話篇に描かれているものであろう。ソクラテスは一人の奴隷の少年が、幾何学の教えを受けたことがないのにもかかわらず、幾何学の真理を知っていることを示そうと試みている。ソクラテスはこのことを、われわれが「ソクラテスの方法」と呼ぶもので示している。ソクラテスは、奴隷の少年に一連の質問をし、その際少年に情報を与えることはせず、少年の心の内部にある資質から答を引き出そうとした。そのようにして、幾何学の定理に関する真理を少年が認識するところまで導いた。この実験は、奴隷の少年が何の経験もなしに幾何学を知っていた、ということを示すものであると考えられた。それは正しい。実際、他に解釈のしようがないであろう。この実験はおそらく一種の「思考実験」であった。しかしそれが今まで行われたことがなかったほど厳密に行われたとしても、結果は多かれ少なかれプラトンが文学的に示したこの心理学実験のようなものになるであろう。

要するに、人間の心は何らかの仕方で幾何学の原理を内蔵しており、経験はこの生得的な知識が使えるようになる点まで導く役割を果たすにすぎないのである。この論証はまた非常に重大な問題を提起することになる。すなわち、奴隷の少年には自分がもっている知識を導き出す関連した経験がないのに、どのようにしてその知識をもつことができるのかを説明することである。これは私が「プラトンの問題」と呼ぶもので、それについてはすぐ後で述べることにする。

一九五〇年代における生成文法の出現は、認知革命の主要な動因となったが、これもまた伝統的な考えを復興させるものであった。特にデカルト派は、心の性質に関する彼らの考えを言語の研究に適用していた。言語は心の本質的な特性を反映する一種の「心の鏡」であると一般に考えられていた。十八世紀と十九世紀初頭にこれらの問題はさらに研究され、その探究はとても印象的な形で豊かに発展したが、われわれはそのことを今ようやく理解し始めたばかりである。一九五〇年代の認知革命は、これらの問題の理解を非常に長い間妨げてきた不毛なドグマを捨て去って、それ以前に得られていた洞察を独自に回復したものと理解されるべきであると思う。さらに認知革命は、今や新しい枠組で再構築されたこれらの古典的な考え方を新たなやり方で適用し、今世紀に発展した諸科学、技術、数学の新たな知見の恩恵を受けて、以前の時代には不可能であったような線にそって古典的な考えを発展させたものと解すべきである。

このいわゆる「認知革命」で受け入れられた観点から見ると、言語研究の中心的な問題は本質的に次の四つのものになる。

第一の問題は、さらに研究を進めるための予備段階となるものだが、それは、ある言語を話し、理解する人の心／脳に組み込まれている知識のシステムとは何かという問題である。その人がマスターし、知っている言語を構成するものは何なのか。ある個別言語についてこの問題を扱う理論を「その言語の文法」と呼ぶ。より専門的には「その言語の生成文法」と呼ぶ。この場合の「生成文法」という用語は、完全に明示的な言語の理論ということを意味するにすぎない。そこでは経験的な帰結を導き出すことができ、自然科学の方法で理論の正確さをテストすることができる。それに対して伝統文法は非明示的なものであり、研究されないままに残され、認識されることもなかった大きなギャップを埋めるのに、その文法を読む人の言語知識に決定的に依存していた。したがって、伝統文法は言語の理論ではなく、むしろその言語を既に知っている人が理解することのできるような手引きなのである。同様に日本語で書かれた英語の伝統文法は、英語に関する理論ではなく、言語の基本的な原理を無意識にではあるが、既に知っており、したがって文法に出てくるヒントや例を利用して英語に関するいろいろな結論を引き出すことを可能にさせるものなのである。それと対照的に、生成文法は知性のある読者に文法を利用することを可能にしているこの知識がまさに何であるかを明示的に示すことを目指している。生成文法はその関心において伝統文法とほとんど相補的である。たとえば、伝統文法や学校文法は、個別的な事実や不規則動詞などにその関心が集中しており、文の構造に関しては曖昧で一般的なヒントしか与えていない。そしてそのギャップを埋めるために読者の知性、すなわち読者の生得的な言語機能に依存している。一方、生成文法は、個別性にはわずかな関心しかなく、言語のもっと深い原理に関心を向ける。それは単にヒントを整理して並べたものではなく、化学が物質界のものを対象とした理論であるというのと同じ意味において、言語を対象とした理論なのである。

第一の問題、つまり、ある言語を獲得した人の言語知識を特徴づけるという問題に対して、少なくとも部分的な答を出すことができたならば、われわれは第二の問題に移行することができる。すなわち、言語に関するこの知識は、思考やその表現において、また理解、行動の組織化、あるいはコミュニケーションといった言語の特別な用法において、どのように使用されるのか、という問題である。ここでわれわれは次の重要な概念上の区別をしなければならない。（1）ある特定の認知システムとしての言語、すなわち心／脳に組み込まれ、言語学者の生成文法によって記述される知識のシステムと、（2）この知識に何らかの方法で接近し、それを使用する、心／脳のさまざまな処理システム、との区別である。

獲得された知識を特徴づけるという第一の中心的な問題に何らかの答が与えられたと仮定するならば、第三の問題に移行することができる。すなわち、言語とその使用に関する抽象的な研究において明らかにされた特性を実際に示すような物理的メカニズムを発見するという問題である。この物理的メカニズムとは、知識の表示に関わる脳のメカニズムおよび、この知識に接近し、それを処理するための脳の他のシステムのメカニズムである。これらは関連してはいるが、二つの別々の作業であることに注意しなければならない。この種の研究はその多くが将来の課題であり、非常に困難なものである。それは主に倫理的な理由によるもので、これらのメカニズムを科学者が直接に研究することを可能にする直接の実験を認めるわけにはゆかないからである。視覚系のような、心／脳の他のシステムの場合には、そのメカニズムの研究はかなりのところまで進んでいることに注意してほしい。その理由は、われわれがこの点で正しいにせよ、間違っているにせよ、他の生物、たとえばネコやサルなどで直接の実験をすることを認めているからである。これらの動物の視覚系は、多くの面で人間の視覚系と似ているので、この方法によって人間の視覚系の物理的メカニズムについて多くのことを知ることができる。しかし、言語機能はその本質において人間だけがもつものと思われる。仮にこの機能を部分的に共有する何らかの生物を発見することがあったなら、われわれはおそらくそれを擬似的な人間と見なして、直接の実験は差し控えるであろう。結果的に、言語機能の物理的メカニズムの研究は、「機能を不可逆的に損なうことのない」非侵襲的な方法での実験か、傷害や病理学などの「自然の実験」かのいずれかによる、はるかに間接的な方法で行われるしかない。言語研究を知的魅力のあるものにしている一つの理由は、それがこのような間接的な方法で進められねばならず、抽象的なレベルでの探究に非常に大きく依存している点にある。それは困難で挑戦的な仕事ではあるが、明確に打ち出すことができ、大いに将来性のある仕事である。

第四の問題は、言語の知識とそれを使う能力がどのように獲得されるのかを説明することである。この問題もまた、獲得されるに至る知識の性質についての第一の問題をいくらか把握した上でなければ、取りかかることはできない。獲得に関するこの問題は、言語の認知システムそれ自体と、言語に接近するさまざまな処理系の両方に対して生じてくるものである。ここでは言語システム自体の獲得に注目することにしよう。率直に言って、この問いは獲得されたものが何であるか、すなわち言語が何であるかについて理解が進んでいる程度においてのみ、「問いとして」定式化できる。もっとも、何らかの抽象的なシステムの獲得、使用、その物理的基盤を研究することは、常にそのシステムの性質に対しても洞察を与えうるし、また与えるはずである。

四番目の問題、すなわち言語はどのように獲得されるのかという問題は、プラトンの問題の、一つの特別なケースである。接することのできる証拠はほんのわずかであるのに、どのようにして非常に豊かで、特定の性質をもつ知識、あるいは信条や理解に関する非常に込み入ったシステムをわれわれは所有するようになるのであろうか。その問題がプラトンを悩ませたのは当然であり、われわれをも同様に悩ませるはずの問題である。しかしこの問題は、知的伝統の主流からかなり外れた少数の人々を除いては、非常に長い間心理学者、言語学者、哲学者などを悩ませることはなかったのである。これは、その当時の思想の深刻な知的欠陥を示するしであり、興味深い問題ではあるが、ここでは追究しないことにする。もし理性のある火星人の科学者が地球上のある言語共同体で起こっていることを観察するならば、使用されている言語の知識のほとんどすべてが生得的なものであると結論づけるであろう。これが真実ではない、あるいは全面的には真実でないということは大いに困惑を招くものであり、心理学や進化生物学をも含めた生物学に対して多くの深刻な問題を提起するであろう。

プラトンは自分が提起した問題に対して答を得ていたということを思い起こしてほしい。すなわち、われわれは前世で存在していたときからもっている知識を記憶しているというものである。これは、今日われわれがそのままの形で認めようとする説ではない。しかし、この数世紀にわたって知的伝統の主流が与えてきた答よりも、プラトンの提案の方がはるかに満足のゆく合理的なものであるということを、われわれは心底正直に認識すべきである。この数世紀間の知的伝統の主流には、英米の経験主義の伝統も含まれるが、それはこれらの問題をただ避けていただけである。プラトンの解答を理解可能なものにするためには、知識を前世から記憶しておけるようなメカニズムを示さなければならない。不滅の霊魂がそのメカニズムであると認める気がないのなら、われわれはライプニッツにしたがって次のように仮定しよう。すなわち、プラトンの答は正しい線にそったものではあるが、ライプニッツの言葉のように「前世の存在という誤った考えは取り除かれる」べきである。現代の言葉で言うと、それはプラトンの「記憶」を遺伝的資質にもとづいて再構築するということである。遺伝的資質は言語機能の初期状態を特定する。それは、人間には翼ではなくて腕が成長することとか、もし栄養状態などの外的条件によって、内的に決められた成熟のプロセスが始まれば、成長のある特定の段階で性的に成熟することなどを遺伝的資質が決定するのと同様である。これらの場合のいずれにおいても、そのメカニズムの詳細については何も分かっていないが、遺伝的資質が注目すべき側面であるということが、今では広く、そして正当に仮定されている。少なくともこの点は、身体の成長については広く仮定されている。心/脳の場合には、同じような証拠が同じように合理論的な結論をもたらさないという事実もまた、近年の思想が深刻な知的欠陥をかかえていることを反映している。それは、物理科学では当然とされてきた合理的研究と同じ方法によって、心/脳の問題に取り組むことを単に拒絶するものであった。このことは特に、自分たちが科学的自然主義者であると誤って信じ込んでいる人々や、反啓蒙主義に対して科学を守っているのだと思っている人々の場合に顕著である。私見では、上で簡単に示した理由によって、まさに正反対のことが成り立っているのである。

これらのドグマはさておき、言語の問題も含めて、心／脳の問題に自然科学の精神で取り組んでみよう。今のところは言語機能の物理的メカニズム、すなわち言語知識の表示と言語処理に関与するメカニズムが何であるかについては分かっていない。したがって、われわれは十九世紀の化学者が、化学元素、有機分子、気体の分子理論などについて研究する際にとったのと同じような方法で進まねばならない。彼らは研究によって明らかになった諸特性を示す、未だ発見されていない物理的メカニズムを捨象して、すべて抽象的なレベルで研究を進めたのである。言語機能には遺伝学的に決定され、重い疾患を除いては、［ヒトという］種に共通し、しかもヒトに固有のものと思われる初期状態があると仮定する。この初期状態は、外界にさらされる条件が変化するにつれ、多くの異なった安定状態、すなわち多くの異なった獲得可能な言語に成熟しうることが分かっている。初期状態から成熟した知識の安定状態に至るプロセスは、ある程度まではデータに依存している。英語のデータにさらされれば、心／脳は日本語ではなく、英語の知識を組み込むようになる。さらに、言語機能のこのような成長の過程は、生後驚くほど早く始まる。最近の研究では、生後四日目の幼児が、自分の共同体で話されている言語と他の言語とを、何らかの方法で既に区別できることが示されている。これは非常に驚くべき事実であり、言語機能のメカニズムが、生後間もなく作動し始めて、外部の環境に「調整され」てゆくことを示すものである。

安定状態への成熟のプロセスが決定論的であることは、かなり明らかである。言語獲得は、本当は子供が行うというようなものではなく、適切な環境に置かれた子供に起こってしまうものなのである。それは、子供の身体が、適切な栄養と環境からの刺激を与えられれば、予め定められている仕方で成長し、成熟するのと同じである。このことによって環境の性質が無関係だと言っているわけではない。普遍文法で未決定のままにされている選択肢がどのように固定され、異なった言語が生じるのかは環境によって決定されるのである。これとほぼ同様に、視覚では初期の環境によって、水平線と垂直線を知覚する受容体の密度が決定されることが、実験によって示されている。さらに、豊かで刺激のある環境と、乏しい環境との差は、身体の成長におけるのと同じように、言語獲得においても、本質的なものかもしれない。もっと正確には、身体成長の他の側面におけるのと同じようにと言うべきであろう。というのは、言語獲得もこのような「成長の」一つの側面に過ぎないからである。ヒトに共通の資質の一部をなす能力は、それらの成長に対して与えられる条件によって、十分成長することも、限定され抑圧されることもありうるのである。

問題はおそらくもっと一般的なものであろう。教えるということは、ビンに水を満たすことにではなく、花が自らの仕方で成長するのを助けることに、たとえられるべきである。これは伝統的な洞察であり、現在受けている以上の関心を受けるに値するものである。良い教師なら誰でも知っているように、学生の自然な好奇心を呼び起こして、自分自身で探究することへの興味を刺激することによって得られる成果に比べれば、教授法や扱われる教材の重要さは、はるかに低い。学生が受け身で学ぶことは、すぐに忘れられてしまう。自分の自然な好奇心や創造への衝動が呼び起こされたときに学生が自ら発見したものは、記憶されるばかりでなく、それ以後の研究や探究の基盤となり、おそらくは重要な知的貢献となるであろう。同じことは他の分野についても言える。真に民主的な社会というものは、社会政策の形成において一般大衆が、自分自身の地域社会においても、職場においても、より広い社会においても、意義ある建設的な参加を果たすような社会である。重要な決定の多くを民衆がコントロールできないような社会や、一般大衆には市民社会や国家を支配するエリート集団が下す決定を承認する機会しか与えないような政治体制は、「民主主義」という言葉にはおよそ値しない。この点は、別の文脈においてイマヌエル・カント（Immanuel Kant）が主張している。彼は、一般大衆には「自由の機が熟していない」と論じた人々に対して、恐怖時代にフランス革命を擁護して次のように書いている。「もしこの命題を認めるならば、自由は決して達成されないであろう。というのは、成熟した自由は既にそれを獲得しているのでなければ達成できないことになるからである。人は自分の力をいかに自由に有益に役立てるかということを、自由に学ぶべきである。……人は自分自身の経験を通してのみ理性を獲得することができるのであり、自由にそれを試みることができなければならない。……自分の支配下にある人々にとって、自由は価値がなく、彼らに対しては永遠に自由を拒む権利があるという原理を認めることは、人間を自由であるように造り給うた神自身の権利の侵害である。」理性、つまり自分自身の力を自由かつ有益に利用する能力、および人間のその他の資質は、それらがうまく活動できる環境においてのみ達成できるのである。それは強制的な手段によって教えることはできない。身体の成長について言えることは、人間の成熟や学習についてもかなり一般的に成り立つのである。

言語機能に話を戻すと、言語の学習は既に示したように子供に起こることであり、大部分は無意識の内に起こる。それは、性的な成熟のような他のプロセスが、子供に起こるのとまったく同じである。子供は、他の人たちが性的に成熟するのを見て、それが良い考えだと思ったからとか、訓練を受けたり強化されたからという理由で性的成熟を経験しようと決心するわけではない。そうではなく、そのプロセスは環境が適切ならば、自らの内に方向づけられた仕方で起こるのである。そのプロセスの推移やタイミングや細かい性質は、部分的には環境、たとえば栄養のレベルによって影響を受けるが、そのプロセス自体は本質において内的に方向づけられている。同じことは言語学習についても、また他の認知的な成長の側面についても、当てはまるようである。「学習」(learning) という用語は、実は非常に誤解を招きやすく、おそらくかつての時代と、かつての誤解の遺物として捨て去られるべきものであろう。言語の知識はある一つの言語共同体に置かれた幼児の心/脳の中で成長するものなのである。

ある言語共同体の中での言語知識は、発音から意味解釈まで、言語のあらゆる面において、驚くほど精密な点に至るまで共有されている。これらの側面の各々において、獲得された知識は、豊かさと複雑さの点では入手可能な証拠をはるかに上回っている。また、これらの側面の各々における細部の精密さおよび知識の正確さは、コミュニケーションの切迫した要求といったような、考えうる機能的な根拠にもとづいて説明できることの範囲をはるかに越えたものである。たとえば、子供は自分たちの周りの言語音を、大人が聞き分ける能力をはるかに上回る精度のレベルまで真似することができる。また、他の領域においても、知識と理解の正確さは、その幅の広さと豊かさと同様に、人間相互の通常の交渉において見られる何ものをもはるかに上回っている。通常の言語のこのような特性は、往々にして注意深い実験によってのみ発見が可能である。これらが、われわれが直面している問題の基本的かつもっとも単純な要素なのである。

したがって次のように結論される。言語機能の初期状態は事実上、決定論的な入力‐出力システムであり、提示されたデータをその入力とし、一つの認知システムを出力として生み出すものである。ここで言う出力とは、内在化されて、成熟した心／脳に表示されるものである。それは、一つの個別言語に関する知識の安定状態である。言語機能の初期状態は、本質的には言語獲得装置と見なすことができる。数学の用語で言えば、それは提示されたデータを、獲得された知識の安定状態へ写像する関数である。この一般的な結論は、多くの特定化された解釈を許すが、そのいくつかについては、後ほど手短に述べるつもりである。だが、この結論が基本的な点で誤っているということは、ほぼ考えられないことである。この問題に関して、従来多くの論争があった。論争と言っても、正確には批評家たちによる一方的な論争で、彼らはこの考えが論破されたと論じたが、その擁護者たちからはほとんど反応がなかった。反応がなかった理由は、彼らの批判が深い混乱にもとづくものであったからである。実際、議論を調べてみると、問題の性格ゆえに、予想にたがわず深い混乱があったことがすぐに分かる。

初期状態の理論、すなわち言語獲得装置の理論はときに「普遍文法」と呼ばれるが、それは伝統的な用語を少し異なった概念的枠組に取り入れたものである。そのような意味での普遍文法は、獲得可能な言語の類を決定するものであると普通は考えられている。ここで、数学的学習理論という新しく重要な分野の代表的な二人の研究者ダニエル・オシャーソン（Daniel Osherson）とスコット・ワインスタイン（Scott Weinstein）による最近の論文から引用してみよう。これは言語獲得のモデルに関する論文である。彼らは普遍文法について次のように書いている。普遍文法は、理論によって許される［個別］文法の類が、自然言語のすべて、そしてそれのみを含むように［個別］文法に制限を課す。［ここで言う］自然言語とは、普通の幼児が言語データとの接触を通常の条件下で行うときに獲得することができる言語のことである。

これらの命題の最初のものは、定義であり、適切で有用なものなので、それに対しては意義を唱える余地はない。つまり、「自然言語」を普遍文法の原理と合致するものとして定義してもよい。しかし二番目の命題は必ずしも正しいとは限らない。データとの接触が通常の条件の下で行われる場合、獲得可能な言語は次に示す二つの集合の共通部分に収まる。すなわち、（1）普遍文法によって規定される言語機能の初期状態が与える自然言語の集合と、（2）学習可能なシステム、の二つである。もし普遍文法が学習不可能な言語を許容するなら、そしてその可能性はあるのだが、それらの言語は単に学習されないだけのことである。そうすると、学習可能性というのは、言語機能によって満たされなければならない要件ではなくなる。

同様に、構文の解析可能性、すなわち文に構造分析を付与する心／脳の能力も、よく主張されているのとは逆に、言語が満たさなければならない要件ではない。この場合、その主張は実際誤りであることが分かる。どの言語にも、完全に適格であるにもかかわらず、使われることのない多くの異なった種類の表現がある。これによってコミュニケーションが妨げられることはまったくない。このことは三十年にわたってごく当たり前のこととされてきたが、それにもかかわらず、言語が解析可能でなければならないという誤った説は、非常に一般的に広まり、しばしば言語理論が満たさなければならない原理的な条件であると見なされている。

学習可能性については、自然言語が学習可能であるという命題は確かに真実であろう。しかし、もしそうであるとしても、それは原理上の問題ではなく、自然言語についてのかなり驚くべき経験上の発見である。言語学の最近の研究は、それらがおそらく真実であろうということを示唆している。このこともまた驚くべき経験上の発見である。それについては後に手短に触れることにする。

これらのことに関しては、かなり多くの混乱があったが、それは部分的には形式的なシステムに関する観察を誤って解釈した結果であった。たとえば、制約のない変形文法は有限な方法によって特定することが可能なすべての集合を生成できるというスタンリー・ピーターズ（Stanley Peters）とロバート・リッチー（Robert Ritchie）の有名な観察や、文脈自由の言語の効率的な解析可能性についての結果などがその例である。どちらの場合にも、言語の本質に関して、まったく不当な結論が導き出されてきた。事実、このような考察にもとづいて、言語や言語学習および、言語の使用に関して、いかなる結論も導き出すことはできない。

私が上で輪郭を示したような方法で言語研究に取り組むならば、言語学自体と言語処理や言語獲得のようなトピックの研究との間に、密接で実りのある相互交渉を期待することができるであろう。これはある程度までは行われてきているが、期待されてきたほどではない。なぜそうであったのかについて少し考察してみるのは意味のあることである。一つの理由は、今述べたばかりのことにあると思う。すなわち、形式的なシステムに関する研究結果が誤って解釈されたことによってかなりの混乱が生じたことである。また、言語と学習可能性との関係、および言語と構文解析との概念的な関係を注意深く考察しなかったことから、他の問題も生じてきた。一つの教訓的な例は、「複雑さの派生理論」と呼ばれたものがたどった歴史である。これは「認知革命」の初期の頃には心理言語学的研究の主要なパラダイムをなすものであった。この理論によって、実験のプログラムが作られた。行われた実験は、(1)自然言語の規則のシステムに関する仮定と、(2)言語処理に関する仮定、との二つの部門からなる理論をテストするものであった。実験の結果には、このように組み合わされた理論を確証するものもあれば、否認するものもあった。しかし組み合わされた理論のまさにどの要素が確証されたのか、あるいは否認されたのかを決定するには、注意を払う必要がある。実際には、予測が否認された場合には、その組み合わせの中の言語に関わる部門が間違っているとされた。このことは正しかったかもしれないし、時には他の証拠が示していたように正しかった場合もあるのだが、それは奇妙な推論であった。というのは、言語に関する仮説を支持する証拠は独立して存在していたのだが、処理に関する仮説を支持する証拠はまったくなかったからである。さらにこれらの仮説は、大雑把な第一近似としての価値以外には、特に支持されるべきものではなかった。これらの事実を正しく評価できなかったことが、引き続き行われた多くの議論の基盤を弱めた。同じような疑問は、言語獲得に関しても生じる。仮説を支持する証拠についても、言語と処理の両方の分野において、予測に関与するさまざまな要因が適切に区別されなければ、その重要性は明らかにならない。要因の区別が適切に行われれば、有意義な結果が得られるが、そうでなければ有意義な結果は得られない。

複雑さに関する派生理論の歴史は、言語学と実験心理学との間の有益な相互交渉を妨げてきた他の問題を示す例ともなる。初期の実験研究は、言語処理が複雑さの派生理論の諸条件を満たすという仮定の下に、規則のシステムに関する特定の考え方をテストするように作られていた。実験のプログラムが実行され、種々雑多な結果が得られた頃には、規則のシステムの理論は変化してしまっていた。多くの実験心理学者にとって、この事実は当惑すべきものであった。もしある理論が安定しておらず、変化しやすいものならば、その理論の実験テストをどのように行うことができるのか、というのが彼らの反応であった。その結果、研究の対象が著しく変化し、他のところでの理論的修正からあまり影響を受けないような領域が研究されるようになった。

このような反応には数多くの問題がある。一つの問題は、論理的な点にある。他のところでの理論修正［の影響］から自らの研究を引き離すことは、表面的現象に近い限定された重要性しかない問題に研究の範囲を限定してしまうことになる。もしある人の研究に、それが直接関わる範囲を越えた結果をもたらすほどの重要性があるならば、その範囲を越えたところで得られた知見に影響されないはずがない。たとえば、機能語の獲得の順序や、会話での順番の交代に関する研究の結果は、他のところでの発見や新たな知見にはつながらないであろう。その理由は、それらの研究が含意するところがわずかだからである。［研究相互の］関連性というのは、結局のところ両面交通のものなのである。活発な研究分野において理論的諸前提の変化は避けられないということに対するこうした反応はまた、実験心理学の研究に対する考え方が余りにも限定されすぎていることを反映している。彼らは、他のところで開発された概念をテストはするが、その他の点ではそれらの概念に適切な形式を与えることに貢献はしないと見なされている。しかし言語の探究は明らかに共同作業であるべきであり、多くの異なった種類の証拠を使うことによって情報が与えられ進歩することができるのである。この研究分野には理論を提供する特権的な領域があって、それが他の人々によってテストされる、ということはない。この分野の成熟度がより高いレベルへ近づくとしたら、それを示す一つの徴候は、言語学者がテストすることのできる言語構造について、言語処理や言語獲得の研究者たちが結論を出すようになることである。それは、共通の問題や関心のネットワークに、彼ら独特の取り組み方をすることによって行われる。理論物理学が実験物理学へ関連づけられるのと同じように、言語学も心理学と関連づけられねばならないという考えは、無意味で支持しがたいものであり、かつ有害なものであったと思う。

言語理論は、今われわれが論じている時期に、実際重要な変化を経てきた。このことは、この研究領域が生きているということを意味する。この時期に物の見方に関して二つの重要な変化を認めることができると思う。そのどちらもが、言語使用と言語獲得の研究に対し、注目すべき結果をもたらしている。これらの変化を、先に述べた三つの中心的な問題に焦点を絞って、手短に振り返ってみよう。その三つとは、（1）言語の知識とは何であるか、（2）言語はどのようにして獲得されるのか、（3）言語はどのように使用されるのか、である。

約三十年前であったら、これらの問題に対する標準的な答は、次のようなものになったであろう。

（1）言語の知識とは何か。（答）それは習慣、性向、能力のシステムである。ちなみにこの答は、ウィトゲンシュタインやクワインの影響下にある哲学者によって、今でも幅広く支持されている。

（2）言語はどのように獲得されるのか。（答）条件づけ、訓練、習慣の形成や帰納のような「一般的な学習機構」によってである。

（3）言語はどのように使用されるのか。（答）言語使用は、能力の実行、たとえば自転車に乗ることのような、何らかのスキルのようなものである。新しい形式は古い形式への「類推によって」産出され、理解される。実際、新しい形式を生産するという言語使用の普通の状況によって提起される問題には、ほとんど注意が払われなかった。これは非常に驚くべき事実である。というのは、第一には論点が明瞭であること、第二にそれが十七世紀の第一次認知革命で言語学の主要な関心事であったからである。これは、もっとも明白な現象に対して、イデオロギーがいかに科学者を盲目にしてしまったかという注目すべき一例である。

これらの考えが問題の核心に近づいておらず、単に捨て去らねばならないものであることを示すには、もっとも明白で単純な現象に注意を向けるだけで十分である。非常に単純な例で説明してみよう。英語を学習していて、John ate an apple（ジョンがりんごを食べた）という文を理解するようになった子供を想像してみよう。この場合、その子供はeat（食べる）という語が二つの意味役割、つまり主語の役割（行為の動作主）と目的語の役割（行為の受け手）を取るということを知っている。それは典型的な他動詞である。次にその子供が、縮約されて目的語のない文John ateを聞いたとしよう。この動詞は他動詞で、目的語を必要とするものなので、子供はこの文の大体の意味は「ジョンが何かを食べた」であると理解するであろう。もし、意味的に要求される要素が欠けている場合には、心［の機構］はそれが何らかのものを意味する一種の「空の代名詞」であると解釈するという単純な原理を仮定すれば、今までのところは話の筋が通る。おそらく、経験主義的な言語学者は、この原理が言語機能の生得的な一要素として与えられていると仮定しようとするかもしれない。

次に、非常に単純ではあるが、これよりはやや複雑な文を考えてみよう。子供がJohn is too clever to catch Bill（ジョンは非常に利口なのでビルを捕まえない）のような文を理解するようになったことを想定してみよう。この場合、動詞catch（捕まえる）も主語と目的語を必要とするのだが、この文では主語が欠けている。したがって、John ateにおけるateの目的語の場合と同じように、この主語は心［の機構］によって補われなければならない。John ateを説明するために仮定したばかりの原理によれば、この文はJohn is so clever that someone or other will not catch Bill（ジョンは非常に利口なので、誰かがビルを捕まえないだろう）という意味になるはずである。この意味には何の不都合もないが、John is too clever to catch Billという文の意味ではない。そうではなく、この文は「ジョンは非常に利口なので、彼すなわちジョンはビルを捕まえないであろう」という意味なのである。心［の機構］は「空の代名詞」の原理は使わず、catchの主語がis cleverの主語と同じであると見なす。これは、教えられたり証拠を与えられたりすることなしに知られることなので、心には第二の原理があると考えねばならない。それを「主語制御」の原理と呼ぶことにしよう。すなわち、埋め込まれた節の欠けている主語は、主節の主語と同じであると理解されるというものである。したがって、心の生得的な資質に関するわれわれの仮定は、もっと内容豊かなものにされなければならない。

議論をもう一歩先へ進めてみよう。John is too clever to catch Billという文からBillを削除し、その結果John is too clever to catchという文になったとしよう。空の代名詞の原理と主語制御の原理によって、この文は「ジョンはとても利口なので、彼すなわちジョンは誰かを捕まえないだろう」という意味になるはずである。しかし子供はこの文がまったくこのような意味ではないことを知っている。そうではなく、それは「ジョンはとても利口なので、誰かが彼すなわちジョンを捕まえないだろう」という意味である。子供はこの文を何らかの他の原理によって解釈する。それを「逆転の原理」と呼ぶことにしよう。その原理は、埋め込まれた文の目的語は主文の動詞の主語と同じであると解釈され、埋め込まれた文の主語は誰かを指す空の代名詞であることを示すことになる。

そうすると、われわれは心／脳に、空の代名詞の原理、主語の原理、逆転の原理の三つがあると仮定しなければならない。さらに、心／脳には全体を統御する何らかの原理があって、これらの解釈の原理がいつ適用されるかを決定するのである。

これよりやや複雑な例に目を向けると、謎は深まるばかりである。John is too clever to expect anyone to catch という文を考えてみよう。英語の話者には、最初はこの文が少し分かりにくいかもしれない。しかし「内省してみると」（ここに実際何が関わっているにせよ）、彼らはこの文が「ジョンはとても利口なので、誰かがジョンを捕まえると誰かが期待することはない」という意味であることを理解する。すなわちそれは、もちろん空の代名詞の原理と、逆転の原理によって解釈されるのである。しかし次に、今のJohn is too clever to expect anyone to catch という文を、複雑さの点では大体同程度のもう一つの文、John is too clever to meet anyone who caught と比較してみよう。ここでは、すべての原理が当てはまらない。この文はまったく意味をなさない。何らかの理由で言語機能の計算原理の適用が阻止されるのである。

ここで注意してほしいのは、こうしたことのいずれもが、訓練の結果でも、経験の結果でさえもないということである。これらの事実は、訓練も、誤りの訂正も、関連した経験もないのに知られており、英語のすべての話者によって、――また同じような構文では他の言語の話者によっても――知られているのである。したがって、これらすべては、心／脳の内的資質から、すなわち言語機能の遺伝学的に決定された構造から何らかの仕方で派生するはずである。しかし、これらの資質に、空の代名詞の原理、主語の原理、逆転の原理、さらにそれらがいつ適用されるかを決定する何らかの全体を統制する原理が含まれる、ということが答ではありえないことは明らかである。むしろ先に観察された事実は、言語機能のさらに深い原理から出てくるものだということをわれわれは示したい。これは科学にとって典型的な問題であり、実際最近の研究で取り上げられて、かなり成功を収めてきたものなのである。しかしここで重要なのは、私が先に述べたばかりの問題に対する常識的な答がまったく正しくないということを、これらの事実がかなり明確に示していることである。

ここでは「類推」の概念がまったく働かないことにも注意しなければならない。John ate との類推によると、John is too clever to catch は「ジョンは誰かを捕まえるには利口すぎる」という意味になるはずだが、実際にはそうではない。もう一つ注意すべきは、このような例は、言語の知識を技能や能力とする考え方を反駁するものであるということである。子供が類推によって得られる解釈をしないのは、能力が欠如しているから、つまり能力が弱すぎるからとか、もっと練習が必要だからというわけではない。そうではなく、心／脳の計算システムは、言語表現に対してある特定の解釈を強いるように設計されているのである。このことを知識の理論という文脈で考えると、これこれの表現がこれこれを意味するというわれわれの知識は、どのような実質的な意味においても、経験によって正当化されたり、経験にもとづいているものではない。またそれはなにか妥当な理由や信頼できる手順にもとづいているのでもないし、帰納や他のいかなる方法によってもたらされるものでもない。これらは通常の命題的な知識、すなわちこれこれであるという知識の例であるから、認識論の標準的なパラダイムや信条の固定化といったことが正しいものではありえず、さらに多くの例や他の認知システムを探究すれば、まさに同じことが明らかになると私は確信している。

これらは十分に認識されてはいないが、すべてかなり重要な事実であると思われる。ドグマによって盲目になったり、誤った方向へ導かれていなければ、至る所にこの種の事実は発見される。

［基本問題（1）―（3）への］先の考え方が完全に妥当性を欠くものであると認識されるようになり、最初の主要な概念上の変化が起こった。それは多くの点で、経験主義や行動主義の教義が

優勢であった長い期間、片隅に追いやられ、または、忘れられていた伝統的な概念や関心への回帰であった。この焦点の転換によって、先の基本問題に対して次のような一連の新しい答が与えられた。

（1）言語の知識とは何か。（答）言語は計算のシステム、すなわち何らかの規則のシステムである。言語の知識とは、この規則のシステムについての知識である。

（2）言語はどのように獲得されるのか。（答）言語機能の初期状態によって、可能な規則とその相互作用の仕方とが決定される。言語は、直接の証拠にもとづいて、適切な種類の規則のシステムを選択することによって獲得される。経験により、言語機能の言語獲得装置を通じて、規則の目録が与えられる。

（3）言語はどのように使われるのか。（答）言語の使用は、規則にもとづく行動である。規則は心的表示を形成し、それがわれわれの発話や理解に関与してくる。文は、当該言語の規則のシステムを体系的に探査することによって解析され、理解される。これらの一連の新しい答が「認知革命」の主要な部分を構成する。

これは重大な視点の転換であった。すなわち、行動とその産物から、行動の背後にある心／脳に表示される知識のシステムへの転換であった。行動は研究の焦点なのではなく、心／脳の内的システムに関する証拠を提供するものなのである。そしてそのシステムこそわれわれが発見しようとしているものである。すなわち、ある特定の言語を構成し、各種表現の形式と構造的特性と意味とを決定するシステムである。より本質的には、行動は言語機能の生得的構造についての証拠を提供する。先に述べたように、この公然と表明されたメンタリズムへの移行はまた、言語研究を自然科学へ同化させる方向への移行であり、［言語機能の］物理的機構を本格的に研究する可能性を開くものである。

このような焦点の転換は、非常に生産的なものであった。それによって研究の対象となる経験的な現象の範囲が急速に増大し、その結果、先に示したような例をも含む、多くの新しい発見がなされたのである。それらは非常に単純なものも含めて、以前には気づかれることもなかったものである。さらに、事実の説明においてもある程度の成功がもたらされた。しかし、すぐに重大な難点が明らかになった。その難点とは基本的には、プラトンの問題、すなわち言語獲得の問題に関係するものである。つまり、可能な規則のシステムが余りに多くありすぎ、子供がそのような規則のシステムの一つをどうやって間違いなく選択し、他のものは選択しないのか、ということを説明するのが困難だということである。

この問題は、ここで考察している枠組において、言語の性質への過去二十五年間にわたる探究の中心課題をなすものであった。ここでは今までの歩みを振り返ることはせず、結果の方を見てみることにしよう。

過去数年間、新しく、そしてやや異なった言語の概念が現れてきており、上述の三つの問題に対し、新しい答が提示されている。言語機能の初期状態は、一群の下位システムないしはモデュールと呼ばれるものから構成されており、その各々は非常に一般的な原理にもとづいている。これらの原理の一つ一つは、ある特定の非常に限られた変異の可能性を許している。われわれは、そのシステムを一つの複雑なネットワークと考えることができる。そのネットワークは、有限個のスイッチをもつスイッチボックスと結びつけられている。ネットワークは変化しないが、各々のスイッチはオンかオフかの二つの位置のどちらかを取りうる。スイッチがセットされない限り、何も起こらない。しかしスイッチが許された仕方のどちらかにセットされると、そのシステムは機能し、言語表現へ無限の解釈が与えられるようになる。スイッチのセットの仕方をわずかに変えるだけで、その効果がネットワーク全体に浸透し、複雑でさまざまに異なった現象上の結果が生まれる。規則というものは存在しない。したがって規則を学習する必要はない。たとえば、ある言語の可能な句構造は、一般原理によって定められ、あらゆる言語を通して一定している。だが、セットされなければならないいくつかのスイッチはある。一つのスイッチは、要素の順序に関するものである。たとえば、英語では名詞、動詞、形容詞、前置詞はそれぞれの目的語の前にくる。英語はいわゆる「主要部が最初」の言語であり、日本語は「主要部が最後」の言語である。これらの事実は、非常に単純な文、たとえばJohn ate an apple（英語）や「ジョンはりんごを食べた」（日本語）から決定できる。一つの言語を獲得するためには、子供の心［の機構］はスイッチをどのようにセットするかを決めねばならないが、この場合のように、スイッチのセットを決めるのは、単純なデータで十分なはずである。言語使用の理論もまた、それに対応する修正を受けるのだが、ここではそれについて探究する余裕はない。

この二度目の概念上の転換によって、言語と知識について非常に異なった見方が得られた。例を一つ挙げると、まず注目すべきは、規則のシステムという観点の下では可能な規則は無限に存在し、したがって無限の数の言語が存在する、ということである。しかしネットワークとスイッチの見地からは、有限の数の言語しかないことになる。その各々の言語は、ある特定の仕方でスイッチをセットした結果である。スイッチのセットの仕方はそれぞれ、単純なデータから決めることができるので、これら有限個の言語のどれもが学習可能である。したがって、先に論じた学習可能性の理論は、実際には部分的に真である。つまり、一つ一つの自然言語は学習可能である。しかし学習可能なシステムがすべて自然言語であるというのは真実からは程遠い。既に述べたように、これらは原理上の問題ではなく、経験的な結果であり、しかも非常に驚くべきものである。ここで、学習に関する数学的理論に非常に興味深い研究がある。それによると、言語の獲得が適正な条件の下で原理的に可能であるのは、自然言語の集合が実際に有限である場合のみである。

この二度目の概念上の転換は、経験的事実の範囲を再び大きく増大させた。それらの事実は、生成文法の枠組の中で発見され、本格的に研究されるようになったものである。しかも以前よりもはるかに多くの言語から得られるようになったのである。

この転換が正しい方向に向かっていると仮定すると、言語獲得の研究にはどのような帰結がもたらされるだろうか。問題はスイッチがどのようにセットされるかを決定することと、学習もしくは成熟の諸原理を発見することになるであろう。成熟の原理というのは、それが何であるにせよ、言語機能の初期状態から成人の言語能力としての安定状態への推移を司るもの、すなわち言語機能のスイッチの仕方を司るもののことである。言語獲得には二つの要因が関与することを思い起こしてほしい。すなわち、言語機能の性質と学習理論、あるいはもっと正確には成長の理論の諸原理である。どのような言語獲得の証拠も、それがこれら二つの相互に作用し合う要因のどちらにどのように関係しているかを決定すべく、注意深い評価がなされねばならない。この問題の研究には、どのように取り組むことができるであろうか。

もしこれら二つの部門のどちらか——普遍文法または成長理論のどちらか——が存在しなければ、証拠の評価と説明の問題は明らかに単純化されるであろう。［実際には］どちらの立場も支持されてきた。普遍文法の方は非常に強力に、成長理論の方は作業仮説として、支持されている。

普遍文法の存在、すなわち人間の心／脳において同定しうるシステムとしての言語機能の存在は、経験主義のプログラムでは暗黙裡に否定されている。また「一般知能」のメカニズム、コネクショニズム、理論形成のメカニズムに関する最近の学説においては、はっきりと否定されている。これらのメカニズムは、言語能力や他の知的能力に同じような仕方で適用され、それらを生み出すとされている。彼らの言うメカニズムを定式化しようとする試みの中で、実際に見込みのありそうなものは皆無である。より明確に定式化されたものは、すぐに反駁されているし、その中には原理上の理由で反駁されたものもある。そしてよく知られているはずの理由によって、このプログラムがうまくゆく見込みは非常に少ない。実質的に議論することは何もないので、この［普遍文法ないしは言語機能の存在を否定するという］可能性は無視して、二番目の可能性を検討することにしよう。その可能性とは、成長理論は無視しうると考えるか、または［もともと］存在しないので、言語獲得は、単にJohn ate an appleや「ジョンはりんごを食べた」という文のような、与えられたデータにもとづいてスイッチをセットすることだけに関わると考えることである。

これを言語獲得の「無成長理論」と呼ぶことにしよう。

明らかに、この理論が文字どおり真であるということはありえない。生まれてから最初の二、三ヶ月、あるいはおそらく二、三週間の間に、幼児はおそらくほとんどすべてのパラメータの値を定めるのに十分な言語資料にさらされるが、それを行っていないことは明らかである。実際、そのプロセスにはかなりの年月が費やされる。したがって、無成長理論を保持するには、たとえば記憶や注意などの認知能力における何らかの独立した外部的な変化によって、実際に観察される成長の諸段階が説明されると論じなければならなくなるであろう。

このような考えは、ジャン・ピアジェ (Jean Piaget) の言う意味での認知発達の諸段階に関しても、言語発達の諸段階に関しても、提言されている。たとえば、機能語を欠くいわゆる「電報的発話」から普通の発話への移行は、かなり急速に起こり、疑問、否定、付加疑問など多くの異なったシステムが関与することが観察されている。さらに、電報的発話の段階で、子供は自分自身の電報的発話よりも普通の発話の方をより良く理解し、機能語がでたらめに導入されると、それを理解することができなくなる。このことは、子供が普通の発話に関する事実を既に知っていて、注意や記憶などの何らかの制限のために電報的発話を使用していたということを示唆している。この制限が正常な成長と成熟の過程で克服されると、子供が既に獲得している言語知識が表面に現れる。しかしこの考えを仮定すると、他の正常な発達の段階についていくつかの重大な問題が生じる。たとえば、意味範疇から統語範疇への移行、色彩語の使用、真の動詞的受動構文や他のさらに複雑な構造の出現、コントロールの意味特性の出現などである。一見したところ、これらの移行を説明するのは、遺伝学の理論で記述され説明されるような、何らかの規則的なスケジュールにそって普遍文法の原理を作動させる成熟のプロセスを援用しないと、難しいことのように思われる。もちろん一見してもっともらしいことが必ずしも正しいとは限らないが、生じる問題は十分に明確であり、何人かの研究者が最近の注目すべき研究で行っているように、それは取り組むべき重要な課題である。

他方では、大津由紀雄、スティーブン・クレイン（Stephen Crain）やその他の人々による研究がある。そこでは普遍文法の諸原理は、それらが現れるような構文が使用されるとすぐに利用可能になること、またそのような構文の使用の遅れは、内在的な複雑さによって、したがって記憶のような外的要因によって説明されうることが示されている。

多くの一般的な関心をひく一つの複雑な例として、空主語の特性に関するニナ・ハイアムズ（Nina Hyams）の最近の研究を見てみよう。空主語という特性は、フランス語や英語のように主語が明示的に表現されねばならない言語と、イタリア語やスペイン語のように音声出力としては主語が省かれてもよい言語とを区別するものである。ハイアムズの研究は、初期の段階ですべての子供が、自分の言語を空主語の言語であるかのように扱うことを示している。ここでのスイッチは「無標のセッティング」と呼ばれるものをもっと彼女は提案している。つまり、もっと普通の言い方をすれば、空主語のパラメータは「無標の値」、すなわち「パラメータの値を決定するための」データがない場合に選ばれる値をもち、この値が空主語の言語をもたらすというものである。イタリア語を話す子供は、無標の値を保持し、他方英語を話す子供は、後にスイッチをセットし直して、パラメータの値を有標に変更する。そうすると問題は、その変化の引き金になるのは何かということである。言語獲得には、肯定的な証拠で十分であるという多くの証拠がある。すなわち、誤りの訂正は必要ではなく、誤りの訂正が行われてもおそらくほとんど効果がない。このように仮定すると、変化の引き金になるのは何かという疑問に対する答は、英語を話す子供がはっきりと間違いを正されるということではありえない。そして実際そうではないことが分かっている。また、子供が主語のない文を決して耳にしないというのも答にはなりえない。なぜなら、子供は知っていることの大部分については、証拠を耳にすることがないからである。ハイアムズは、無成長理論を仮定し、変化の引き金となるのは、英語の明示的な虚辞の存在であると示唆している。虚辞というのは、There is a man in the room の there のような要素、すなわち意味的には空であるが、何らかの統語的原理を満たすために現れねばならない要素のことである。ここでの前提は、もしある言語に形としてはっきり現れる虚辞があるならば、その言語は空主語ではないということを含意する原理が普遍文法に組み込まれているというものである。ちなみに、この仮説は普遍文法について言語獲得の研究から得られ、かつ通常行われていることとは反対に、言語学者によってテストされうる一つの例である。

しかし今度は、なぜ英語を話す子供がこの証拠を使うのが遅れるのか、ということを問わねばならない。一つの可能な答は、記憶や注意といった外的な条件によって、初期の段階でこれらの虚辞に接近するのが不可能になっているということであろう。

同じような考えを追求して、ルイジ・リッツィ（Luigi Rizzi）はハイアムズの最初の結論とは反対に、空主語パラメータの無標の値は、有形の主語であると示唆している。英語を話す子供は、初期の段階ではこの原理に違反しているように見えるが、それは外的な要件によって無強勢の主語代名詞のような要素の産出が押さえられているからであるにすぎない。その後イタリア語を話す子供は、主語のない文という直接の証拠にもとづいてパラメータの有標の値を選択するのである。

三番目のアプローチは、無成長理論を退けて、空主語パラメータは成熟のある特定の段階でのみ利用可能になり、主語のない文が直接の証拠として提示された場合に限り、有標である空主語の値に定められると仮定することである。現在のところ、この問題は未解決のままになっている。

注意してほしいのは、これらの問題がさらに明らかになれば、普遍文法の原理とパラメータについて、すなわちネットワークとスイッチの性質について、言語獲得の証拠にもとづいて、大きな知見が得られるであろうということである。これはこの分野の発展に伴って当然期待すべきことである。

二つ目の例を考えてみよう。サーシャ・フェリクス (Sascha Felix) は、いくつかの言語における否定辞の使用に関する証拠にもとづいて、無成長理論に反論している。一見したところ、最初期の段階で子供は、Not John likes milk のように、文の外に置かれる否定を用いるようである。この事実によって、無成長理論には既に問題が生じてしまう。というのは、自然言語が文の外に置かれる否定を示すことは、あるにしても極めて稀だからである。後の段階で子供は、John no likes milk のような文内に置かれる否定に移行するが、これもまた、成人の言語の証拠とは一致しないものである。さらに、後になって John doesn't like milk という正しい形が現れる。フェリクスは、文の外に置かれる否定を示す第一段階が、「学習者は言語単位の分断を避ける」という、ダン・スロービン (Dan Slobin) による原理と一致し、したがってこの原理を支持するものと考えうると指摘している。しかしなぜ第二段階でこの原理が働かなくなり、第三段階ではさらに根本的に放棄されるのかという疑問が未解決のままになると彼女は指摘している。それを説明するもっとも有力な候補が成熟理論であるように思われる。この点に関しても、言語成長の原理が存在するなら、それらの原理と普遍文法の実際の原理とパラメータとが、さらなる研究によって［共に］明らかにされるはずである。

最後に、ハギット・ボレア（Hagit Borer）とケネス・ウェクスラー（Kenneth Wexler）がかなり詳しく研究している、もう少し複雑な例を考えてみよう。彼らは、受け身の獲得に関して多くの言語で得られた結果が、成熟理論によって説明できると論じている。その成熟理論は、変形が言語獲得の過程で一つ一つ獲得されてゆくという考えをより精密にしたものである。彼らの理論では、句の解釈は発達のある段階までは、意味役割が普遍文法の原理によって付与される典型的な位置、すなわち実質的には抽象的な基底にある深層構造の位置においてのみ可能であると仮定している。したがって、この段階ではJohn was killedのような文はまったく解釈ができない。なぜならば、Johnはkillの目的語としての典型的な位置から移動しているからである。この段階で現れる一見受け身に見える形式は、The door is closedにおけるように、実際は形容詞であると彼らは論じている。後に成熟を経て、一つの仕組が得られる。その仕組によって［深層の位置から］

移動した要素は、変形によって形成された連鎖を介して解釈される。連鎖は移動した要素を、典型的な［深層の］位置にある空の痕跡に結びつける働きをする。そのような連鎖は普遍文法のさまざまな条件を満たさねばならない。それらの条件により、移動の可能性が説明される。受け身文の獲得に関する一連の利用可能な証拠は、この仮定にもとづいてほぼ説明できると彼らは論じている。すなわち、連鎖は成熟のある段階で利用可能になるという仮説である。ここにおいても、探究されるべき多くの帰結が残されており、その結果は成長理論と共に、普遍文法の諸原理に直接関わってくるはずである。

ボレアとウェクスラーが正しいならば、言語獲得と失語症における言語喪失が鏡像関係にあるというローマン・ヤーコブソンの有名な示唆を探究してみたくなるであろう。すなわち、さまざまな要素や構造は、言語学習において獲得されるのが早ければ早いほど、脳の損失によって失われるのが遅くなるという仮定である。そうすると、ある種の失語症においては、連鎖は失われているが、句構造の他の側面は残っているケースがあるはずである。このことを示す証拠が実際、ヨセフ・グロジンスキー（Yosef Grodzinsky）によって提示されている。これもまた、非常に興味ある研究の方向となるかもしれないものである。

これらの例は、表面をなでる程度のものですらない。次のことを考慮すると、非常に興味深い一連の問題がすぐに生じてくる。つまり、不変のネットワークとそれに付随するスイッチの集合からなる普遍文法の原理とパラメータの概念が意味すること。またこの考え方が、認知能力の発達における外的要因と共に、言語成長に関与するであろう成熟の諸原理と、どのように関連するのであろうかということである。言語処理の問題については、考察する時間がなかったが、上の観点から見ると、ここでもまた問題はかなり異なって見えてくるであろう。そして言語自体の研究においても、多くの新しく刺激的な問題がこの研究課題に入ってくる。原理とパラメータのアプローチが正しいならば、スイッチをどちらか一方にセットし、その結果を計算することによって、各々の自然言語の特性を文字どおり導き出すことが可能なはずである。類型論的な差違は、そのようなスイッチ・セットの違いの問題になるはずであり、言語変化はあるセットの仕方が変化した結果であるということになるはずである。注意すべきは、ある小さな変化がもたらす効果が、モデュラー原理の固定されたネットワーク全体に浸透するにつれて、相当な現象上の差をもたらす可能性があることである。これらはすべて現在取り組まれている問題であって、ある程度うまくゆく場合もあるし、失敗する場合もあるが、失敗もまた新たな研究の方向を切り開く非常に示唆に富んだものになっている。さらに、類型的に異なる言語で研究の対象とされるものが大いに拡大し、しかもそれらの言語類が、首尾一貫した一定不変のアプローチによって扱うことができるように思われることもまた、前途の有望性を示すものである。

言語自体の研究はもとより、言語がその基本的で不可欠な一部門をなす、ヒトの心／脳の認知システムの研究についても、将来の見通しをかなり楽観視する真の根拠があるように思われる。

初版　あとがき

本書は、Noam Chomsky, *Language in a Psychological Setting. Sophia Linguistica* 22, Monograph. Tokyo: Sophia University, 1987. の全訳である。邦訳書のタイトルは内容にそって『言語と認知――心的実在としての言語』とした。

原著者のノーム・チョムスキーは、一九二八年に米国フィラデルフィアで生まれ、ペンシルバニア大学のゼリッグ・ハリスのもとで言語学を学んだ。五〇年代半ばに、それまでの構造言語学とはまったく異なるパラダイムを形成する生成文法理論を提唱し、現在に至るまで常に研究の最前線で中心的な役割を果たしてきた。同理論は、二十世紀後半を通じて言語学のみならず、人間諸科学の発展に決定的な影響を与え、いわゆる認知革命の主要な動因となったものである。

チョムスキー教授は、一九八七年の一月末の二週間、二度目の来日をされ、上智大学（東京）と京都外国語大学（京都）で、一般講演と専門家向けのセミナーを行った。本書に収められているのは、三回のシリーズをなす一般講演である。（専門家向けセミナーの方は、経済性原理をめぐる理論的諸問題を中心としたものであった。）チョムスキー教授は、来日に際して講演の草稿を携えて来られ、東京滞在中に講義の合間をぬって草稿に大幅な加筆修正をし、最終稿を出版すべく提出してくださった。当初は、詳しい訳注を作成し、同教授に見ていただいた上で本書に収めることも検討していたが、訳注はいっさい省き（ただし必要最小限の表現を［］で補ったところがある）、術語対照表を巻末に置いた。

この連続講演が行われて、早くも十七年が経過する。この間、言語理論は、原理とパラメータの枠組が、経済性原理によってさらに精密化され、九〇年代の初めにミニマリスト・プログラムが提唱されるに至ったことは周知のとおりである。では、ここに収められている考察が今日このままの形では成立しないのかというと決してそうではない。本講演のテーマをなす諸問題は、生成文法理論の哲学的・方法論的基礎をなし、いわば同理論におけるすべての研究活動への不変の座標軸を構成するものである。言語理論は、それが経験科学である以上、今後も大きな展開を示してゆくことが予想されるが、本書のテーマとその考察は長く言語研究の指針としての役割を果たすであろう。

本書の翻訳のさまざまな過程で、多くの方々のお世話になった。チョムスキー教授は、翻訳を快諾されただけでなく、来日講演からかなりの時が経っているにもかかわらず、訳者の質問につねに迅速かつ適確に答えてくださった。上田雅信、大津由紀雄、荻野美佐子、北原久嗣、福井直樹の諸氏には内容の理解、訳語等についてたびたび助言を仰いだ。また秀英書房の松原正明氏には、編集上の問題だけでなく内容面にわたっても適切な助言をいただくことができた。ここに記して、心からの謝意を表する。

二〇〇三年一二月七日

加藤　泰彦
加藤ナツ子

第二版　あとがき

　チョムスキー教授の連続講義から三十五年、翻訳の初版出版から十八年が経過する。この間、生成文法は理論の中核部においても、関連する諸分野との相互交渉においても、目覚ましい進展を示してきた。それと同時に、このアプローチの研究史的位置づけ、真の研究対象としての「言語」の同定、隣接領域との望ましい関係のあり方、といった基本問題についての見解がまったく変わっていないことは注目されてよい。この点で、初版のあとがきでも述べたが、本書はこれまでと同様、これからの研究活動への不変の座標軸となるであろう。

　言語機能の構成については、本講義では規則の体系から原理とパラメータの枠組への移行について論じられている。その後、周知のように、九〇年代に入って、ミニマリスト・プログラムの下で飛躍的に研究が進み、従来の演算操作が併合(merge)一つに集約されるなど、理論枠全体が根本的に変わろうとしている。

　また隣接諸分野との交渉については、本講義では言語獲得・言語処理との関係が主に論じられているが、近年注目される脳科学研究との関係についても「……抽象的なレベルでの心の研究が脳の機構の研究……と対をなすものであり、それに必要な予備研究でさえある」(p. 15) と述べられている。今後の進展を期待したい。

チョムスキー教授の関心は言語と隣接領域との関係にとどまらず、人間の知性全体の可能性と限界に及ぶ。「……われわれに提起しうる何らかの問題が、人間の心的機能と世界の本質についての真理との偶然的な交わりの部分に入るか否かを先験的に知ることはできない」(p. 44) という言明は、深い洞察から発せられたものであろう。

本講義は本来広く言語に関心をもつ人々を対象にしたものであるが、初心者のみならず、専門家にとっても繰り返し手にする価値のあるものである。現代の言語研究の位置とこれからの方向を展望しようとするとき、幾度となく読まれるものとなろう。

二〇二二年一〇月二八日

加藤　泰彦
加藤ナツ子

有限 …… finite
有限の手段の無限の使用 …… the infinite use of finite means
融合 …… assimilate
有標 …… marked

ヨーロッパの構造主義 …… European structuralism

ラ行

理解可能性 …… intelligibility
離散的な無限性 …… discrete infinity
理想化 …… idealization
理論構成 …… theory construction
理論的構成物 …… theoretical entity
倫理哲学 …… moral philosophy

類型論 …… typology
類推 …… analogy

列挙(する) …… enumerate
連合 …… association
連鎖 …… chain
連続的 …… continuous

E言語 …… E-language
I言語 …… I-language
P言語 …… P-language

評価の尺度 …… evaluation metric

フォーマット …… format
複雑さの派生理論 …… the derivational theory of complexity
袋小路文 …… garden path sentence
物体 …… body
物理定数 …… physical constant
物理的器官 …… physical organ
物理的機構 …… physical mechanism
不変(の) …… invariant
普遍文法 …… universal grammar
プラトン的言語学 …… Platonic linguistics
プラトンの問題 …… Plato's problem
分析的真 …… analytic truth
文法 …… grammar
文脈自由 …… context-free

変項 …… variable

補部 …… complement

マ行

無成長理論 …… no growth theory
無標の値 …… unmarked value
無標のセッティング …… unmarked setting

明示的 …… explicit
命題的知識 …… know that
免疫学 …… immunology
メンタリスティック …… mentalistic
メンタリズム …… mentalism

モデュラー構造 …… modular structure

ヤ行

唯物主義的 …… materialist
有機体 …… organism
有形の …… overt

手続き的知識 …… know how
電報的発話 …… telegraphic speech

同一性の原理 …… the identity principle
同化(する) …… assimilate
動作主 …… agent
投射された …… projected
動物－機械仮説 …… the beast-machine hypothesis

ナ行

内在的 …… internalized
内省 …… introspection
内部状態 …… internal state
内部表示 …… internal representation
内包的 …… intensional

二元論 …… dualism
二項関係 …… two-term relation
日常的な理解 …… common sense understanding
入力－出力装置 …… input-output device
人間性の科学 …… the science of human nature
人間生物学 …… human biology
認識論的二元論 …… epistemological dualism
認知 …… cognition
認知革命 …… cognitive revolution
認知心理学 …… cognitive psychology

脳科学 …… brain science
能力 …… ability

ハ行

発現 …… grow
反応 …… response

比較歴史言語学 …… comparative-historical linguistics
非語彙範疇 …… non-lexical category
非侵襲的 …… non-intrusive
非対称性 …… asymmetry

数理心理学 …… mathematical psychology
スキル …… skill

性向 …… disposition
成熟 …… maturation
成熟理論 …… maturational theory
生成(する) …… generate
生体 …… organism
成長 …… growth
成長の理論 …… growth theory
生得的な …… innate
生得的な資質 …… innate endowment
生得的能力 …… innate capacity
生物(学)的資質 …… biological endowment
接近(する) …… access
接近可能性 …… accessibility
接触力学 …… contact mechanics
説明的妥当性 …… explanatory adequacy
先在 …… preexistence
選択肢 …… option
選択的 …… selective
線の検出 …… line detector
専門家 …… expert

想起説 …… reminiscence theory
操作主義 …… operationism

タ行

知覚 …… perception
力 …… force
知識 …… knowledge
仲介変項 …… intervening variable
中核言語 …… core language
チューリング・テスト …… the Turing test
調整(する) …… tune
調整機構 …… regulatory mechanism

デカルトの問題 …… Descartes's problem
デジタル計算 …… digital computation

思考する実体 …… thinking substance
自己埋め込み …… self-embedding
自然主義的 …… naturalist
自然の実験 …… nature's experiment
自然の手 …… the original hand of nature
質空間 …… quality space
失語症 …… aphasia
実在世界 …… the real world
実体形而上学 …… substance metaphysics
社会政治的 …… sociopolitical
習慣 …… habit
集合論的対象 …… set-theoretic object
周辺部 …… periphery
主語－述語構造 …… subject-predicate structure
主語制御 …… subject control
主語－目的語の非対称性 …… subject-object asymmetry
種の形成 …… speciation
種の特性 …… species property
主要部 …… head
主要部が後 …… head-final
主要部が先 …… head-initial
主要部パラメータ …… head parameter
準拠 …… conformity
準文法的 …… semi-grammatical
初期状態 …… initial state
進化生物学 …… evolutionary biology
人工知能 …… artificial intelligence
心象 …… conception
信条 …… belief
信条固定化 …… belief fixation
心/身 …… mind/body
新スコラ派 …… neo-scholastic
身体 …… body
心的器官 …… mental organ
心的計算 …… mental computation
心的表示 …… mental representation

随伴現象 …… epiphenomenon
数学的学習理論 …… mathematical learning theory
数機能 …… number faculty

言語 …… language
言語機能 …… language faculty
言語共同体 …… speech community
言語使用の創造的側面 …… the creative aspect of language use
言語処理 …… language processing
言語成長 …… language growth
言語喪失 …… language loss
言語の分業 …… division of linguistic labor
原理とパラメータのアプローチ …… principles-and-parameters approach

語彙獲得 …… vocabulary acquisition
語彙範疇 …… lexical category
抗原 …… antigen
構造記述言語学 …… structural-descriptive linguistics
抗体 …… antibody
行動 …… behavior
行動科学 …… behavioral science
行動の規則性 …… regularities in behavior
構文解析 …… parsing
合理性の基準 …… criteria of rationality
心 …… mind
心/脳 …… mind/brain
心の表示理論 …… representational theory of mind
個人言語 …… idiolect
個人心理(学) …… individual psychology
コネクショニズム …… connectionism
個別言語 …… particular language
誤用 …… misuse
痕跡 …… trace

サ行

細胞機構 …… cell mechanism
最良の理論 …… the best theory
産出 …… production

刺激の欠乏 …… poverty of stimulus
刺激の統制 …… stimulus control
刺激－反応－強化 …… stimulus-response-reinforcement
思考実験 …… thought experiment

概念構造 …… conceptual structure
科学的自然主義者 …… scientific naturalist
学習 …… learning
学習可能性 …… learnability
学習機構 …… learning mechanism
獲得 …… acquisition
可算的 …… denumerable
過剰学習 …… overlearned
可能世界 …… possible world
環境要因 …… environmental factor
関数 …… function

技術 …… skill
規則にもとづく …… rule-governed
基礎的な自然科学 …… fundamental natural science
帰納 …… induction
機能語 …… function word
規範 …… convention
規範的・目的論的 …… normative-teleological
逆転の原理 …… inversion principle
急進的行動主義 …… radical behaviorism
強化 …… reinforcement
鏡像関係 …… mirror image
共同体の規範 …… community norm
共同体の特性 …… community property
虚辞 …… expletive
均質の言語共同体 …… homogeneous speech community

空主語 …… null-subject
偶然の交差 …… accidental convergence
空の代名詞 …… empty pronoun
空範疇 …… empty category
具現化 …… instantiation, manifestation

経験主義者 …… empiricist
計算言語学 …… computational linguistics
形而上学的実在主義 …… metaphysical realism
形而上学的二元論 …… metaphysical dualism
決定されない …… underdetermined
決定論的 …… deterministic

訳語対照

ア行

アメリカ構造言語学……American structural linguistics
安定状態……steady state

イギリス経験主義……British empiricism
異種間の相似……cross-specific analogy
一対一の表示……one-one representation
一般知能……general intelligence
一般的な学習機構……general/generalized learning mechanism
遺伝的資質……genetic endowment
意味役割……semantic role

受け手……recipient

遠隔作用……action at a distance

オートマトン……automaton
音声構造……sound structure
音声体系……sound system

カ行

外延的……extensional
外延的に等価な……extensionally equivalent
回帰的……recursive
外在的……externalized
解釈の誤り……error of interpretation
解析可能……parsable
解析可能性……parsability
解析可能性の原理……the parsability principle
解析のアルゴリズム……parsing algorithm
解析不可能……unparsable
概念……idea

[著者略歴]

Noam Chomsky（ノーム・チョムスキー）

1928年生．アリゾナ大学教授，マサチューセッツ工科大学名誉教授（Institute Professor Emeritus）．

ペンシルバニア大学在学中にゼリッグ・ハリスのもとで言語学を学び，50年代半ばに，従来の構造言語学と根底から対立する生成文法理論を創始・提唱した．同理論は，20世紀後半をとおして言語学のみならず，隣接諸科学に決定的な影響を与え，いわゆる認知革命の動因となった．90年代以降，同理論はミニマリスト・プログラムの指針のもとで，さらに大きく発展しつつある．言語学，認知科学，政治批判分野の著書・論文多数．現在，世界でもっとも注目を集める知識人の一人である．

[訳者略歴]

加藤泰彦（かとう・やすひこ）

上智大学大学院言語学専攻博士課程修了．文学博士．上智大学名誉教授．マサチューセッツ工科大学，ハーバード大学，ユトレヒト大学，客員研究員．
著書に*Negative Sentences in Japanese*（*Sophia Linguistica* 19, Monograph. Sophia University, 1985），*Negation and Polarity: Syntactic and Semantic Perspectives*（Laurence Hornと共編著．Oxford University Press, 2000）他．

加藤ナツ子（かとう・なつこ）

上智大学大学院言語学専攻博士後期課程満期退学．駒沢女子大学名誉教授．

論文に「スペイン語統語論」『海外言語学情報』第5号（大修館書店，1989），“Negative Polarity: A Comparative Syntax of English, Japanese and Spanish”（with Y. Kato），*Proceedings of the XVIth International Congress of Linguists*（Oxford, Pergamon Press, 1997）他．

言語と認知　第二版
心的実在としての言語

2023年2月15日　第1刷発行

著　者　ノーム・チョムスキー
訳　者　加藤泰彦・加藤ナツ子
発行者　松原正明
発行所　株式会社 秀英書房
https://shueishobo.co.jp
神奈川県川崎市麻生区上麻生6-33-30
〒215-0021
電話 03（3439）8382（お問い合わせ）
本文印刷　厚徳社
ジャケット印刷　歩プロセス
製本所　ナショナル製本
ブックデザイン　福田和雄（FUKUDA DESIGN）
編集統括　瀬戸起彦（秀英書房）

ISBN978-4-87957-148-9